"따라서 해요"

매일묵상

짧은 말씀 / 큰 은혜 / 큰 감동/ 큰 변화

사도행전 2권

"따라서 해요"

매일묵상

짧은 말씀 / 큰 은혜 / 큰 감동 / 큰 변화

사도행전 2권

남상일 목사 지음

한국학술정보㈜

하나님은 우리에게 말씀을 주셨습니다.

태초에 말씀으로 계셨던 예수님이 육신을 입고 세상에 오셨습니다.

성령으로 잉태하셔서 인간의 육체를 담고 오셨지만, 예수님은 말씀을 들고 세상에 성령으로 잉태하셨습니다.

말씀이신 예수님이 육체를 입고 오심은 피를 담기 위함이며 예수님의 피는 죄인의 죄 값을 청산할 수 있는 죄 없으신 생명의 피 값이기에 누구든지 예수님을 영접하고 믿는 자에게는 하나님의 생명을 줄 수 있는 말씀이기에 자녀가 되는 권세가 되는 것입니다.

예수님을 영접함도 말씀이셨던 예수님이 세상에 오셔서 우리에게 말씀을 주셨기에 알았고 예수님을 영접하고 믿으면 구원의 자리로 나가게 된 것도 오직 예수님의 말씀으로 알고 믿을 수가 있었습니다.

말씀이셨던 예수님이 세상에 오셔서 말씀하신 그 말씀은 우리에게 구원을 알게 하셨고, 영생을 알게 하셨고, 거듭남의 진리를 알게 하셨습니다.

예수님의 말씀은 진리입니다.

진리이시기에 자유하게 할 수 있었고, 생명이기에 거듭남의 법칙이 존재하고, 빛이시기에 어두움의 주관자를 멸할 수 있는 능력이 있는 것입니다.

그러한 하나님의 말씀은 살았고, 운동력이 있음을 알면서도 그 말씀을 가까이 하기가 어려워 때로는 늘 마음뿐일 때가 많습니다.

이제 바쁜 시간 가운데서 소망의, 믿음의 말씀을 매일 매일 묵상할 수 있는 책 한 권이 필요함을 느끼고 사도행전의 오묘한 말씀에 아침마다 귀를 기울이고 하나님의 음성을 듣는 시간이 되었으면 합니다.

원고를 교정하고 도운 나의 딸 은정에게 축복하고 수고에 감사를 남기는 바입니다.

2009년 3월 10일
광림의 목양실에서

차례

01

하나님은 깨끗하다고 하시는데

(행10:11-16)

하나님이 열면 닫을 자가 없고 하나님이 닫으면 열 자도 없습니다.

하나님은 천지를 창조하신 창조주이시며 인간을 흙과 하나님의 생기로 불어 생령이 된 사람을 만드셨습니다.

창조한 인간들에게 복을 주신 것도 예수님 오시기까지는 사단에게 빼앗겼지만 예수님을 십자가에 못 박고 예수님의 생명을 볼모로 잡고 사단은 예수님을 처참하게 죽였고 영원히 망하게 하였지만 예수님은 부활하심으로 우리에게는 처음 인간들에게 주신 생육하고 번성하고 정복하고 다스릴 권세를 우리에게 주셨던 것입니다.

그러기에 예수님 믿는 사람들은 누구나 표적이 따릅니다.

더러운 귀신이 오늘 아침 예수 이름으로 떠날 것입니다.

이 시간 손을 얹으십시오. 아픈 곳에 말입니다.

어때요. 지금 병이 낫고 있잖아요.

하나님은 된다고 하시는 데도 어떤 때는 우리가 스스로 안 된다고 말하고 안 될 것으로 결정하고 손도 얹어 보지도 않고 뒤에서 한숨만 쉬고 있는 우리들입니다.

본문은

율법에 먹지도 못할 짐승을 보자기에 담아서 환상 중에 베드로에게 잡아먹으라고 하였는데 속된 것은 절대로 잡아먹지 못한다고 하였을 때 하나님이 하신 말씀입니다.

하나님께서 깨끗케 하신 것을 네가 속되다고 하지 말라고 하십니다.

여러분은 안 된다고 하여도 하나님의 말씀에 된다고 하시면 우리는 할 수 있다고 말할 사람입니다.

여러분은 지금까지 들고 다닌 계산기를 버렸잖아요.

인간의 생각과 사고방식을 버리고 하나님의 말씀을 담아 이제는 저 천성 바라보면서 축복과 성공의 자리까지 두 주먹 굳게 잡고 승리할 때까지 달려갈 여러분은 복이 있습니다.

하나님이 된다고 하시면 우리는 된다고 할 사람입니다.

하나님이 구원시켜 주시면 우리는 확신합니다.

하나님이 죄 사함 받았다고 하면 우리는 그대로 믿습니다.

하나님이 된다고 하시면 우리도 된다고 할 때마다 하나님의 능력은 나타날 것이며 행여나 우리가 하나님은 된다고 하셨는데 우리는 할 수 없다고 말할까 두려운 마음으로 하나님께 엎드리는 여러분은 참으로 복이 있습니다.

오늘의 문제 앞에 걱정하지 말아요.

하나님은 그 문제가 절망이라고 말씀하시지 않고 할 수 있거든

이 무슨 말이냐 믿는 자에게는 능치 못함이 없다고 하신 예수님 붙들고 여러분은 승리할 형통할 사람입니다.

그런데도 왜 자기 스스로 할 수 없다고 말하고 안 된다고 말하고 교회 안에서도 무조건 안 된다고만 하나요.

다른 이의 믿음 보지 않고 자기의 작은 믿음 가지고 다른 이의 받을 상급도 받지 못하게 하나요.

■따라서 해요.

> "나는 예수님 말씀 붙들고 실패에서도 다시 일어나 부자 될 사람입니다."
> 아멘

02

세상에 우연한 사건은 없다

(행10:17-23)

예수님은 어제나 오늘이나 영원토록 변함이 없습니다. 흘리신 보혈의 죄 사함은 영원토록 변함이 없을 것이며 하나님이 사랑하신 세상에 독생자 예수님을 보내심도 하나님은 후회하심이 없습니다.

독생자 예수님을 십자가에 못 박고 죽게 하시고 피 흘려 예수를 믿는 자들의 모든 죄를 용서하시는 하나님의 마음 또한 변함이 없습니다.

하나님은 세상 자연 모든 사건을 통하여서 우리에게 말씀하십니다. 우리가 당하는 모든 일들 좋은 일도 나쁜 일도 원망도 불평도 시험당하는 것도 질병도 저주도 우연히 일어나는 사건은 하나도 없습니다.

모두가 하나님의 하시는 의도가 있고 뜻이 있습니다.

본문은

보자기에 먹을 수 없는 짐승들을 잡아먹으라는 세 번의 환상이 무슨 뜻일까 생각하고 의심할 때에 하나님의 소리가 들렸습니다.

하나님이 이방인들을 짐승처럼 생각하던 유대인들에게 이방인들도 구원의 자리로 나올 수 있고 죄인들도 누구나 예수님을 믿으면 속된 자가 아니라 깨끗한 하나님의 자녀가 된다는 말씀입니다.

여러분은 영적 귀가 열린 사람입니다.

길 가다 넘어져도 아이들이 공부를 잘하여도 건강하여도 주님께 엎드릴 때에 하나님의 소리를 듣습니다.

여러분은 하나님의 소리를 듣고 깨닫고 회개할 것은 회개하고 돌이킬 것은 돌이키잖아요.

고칠 것은 고치고 버릴 것은 버리고 잘한 것은 더욱더 주님의 뜻을 이루고 앞장서서 천성을 향하여 달려 나가는 여러분은 복이 있습니다.

우리는 성경을 읽을 때도 그냥 읽고 넘어가지를 않습니다.

하나님의 음성이 들리잖아요. 맞습니까?

오늘 새벽에도 성전에서 주님의 소리를 듣고 왔잖아요.

때로는 하나님의 책망의 소리도 들리고 때로는 하나님의 격려의 소리 소망의 소리 앞에 우리는 낮아지고 엎드리는 여러분은 장차 주님 나라에서 형통할 축복의 사람입니다.

우리가 점점 더 갈수록 잘될 사람이며 시절을 좇아 열매를 맺을 수 있는 것은 하나님의 음성 듣기 때문입니다.

여러분은 잘못된 길을 갈지라도 오늘 하나님의 음성 듣고 돌이키고 회개하고 다시 주님께로 나가 예수님의 말씀 앞에 순종하고 예수님의 손과 발이 되기를 결심하고 만나는 사람마다 복음을 전하고 예수님을 전하고 예수님을 믿을 마음이 생기게 하시는 여러분은 하나님의 사람입니다.

땅 끝까지 나가서 예수님을 증거하고 증인이 되기를 원하며 여러분의 삶에는 성령의 능력이 보이기 시작합니다.

오늘 병이 떠날 줄 믿습니다.

오늘 이 시간 여러분 가정에 흉악한 결박과 가문에 저주가 끊어지고, 어두움은 물러가고, 예수님의 빛이 가득할 여러분은 참으로 행복할 사람이며 잘될 사람입니다.

■ **따라서** 해요.

"나는 예수님만 높이며 예수님만 사랑할 사람입니다."
아멘

03 | 음성 듣고 움직여라

(행10:23-24)

 **이맘때쯤인가요?**

경춘선 열차가 느리긴 하여도 강촌역 근처 아침에 물안개 가득한 철로를 지날 때 피어난 꽃들과 둘러싼 안개가 보고 싶은 아침입니다.

이처럼 자연의 아름다움은 하나님의 창조의 손길이며 하나님의 간접적인 음성이 담겨져 있는 축복의 메시지이며 인간을 향한 주님의 능력이며 환희의 하모니가 어울려진 대오케스트라 연주의 소리를 듣는 웅장함의 노래가 들리는 듯한 그곳이 그리운 아침입니다.

하나님은 성서를 통하여 하나님의 소리를 담아 두었고 또 이렇게 자연의 환경을 통하여서도 메시지를 남기고 삶에 환경을 통하여서도 하나님의 음성이 들려옵니다.

본문은

기도 중에 고넬료를 만났고 베드로에게 오셔서 말씀을 하시고 사건과 환경을 통하여서 말씀하심에 베드로도 가기를 꺼리던 이방인의 고넬료 가정으로 출발하고 고넬료는 베드로를 기다릴 때 가족들과 일가들 모두를 모아 놓고 기다린 행위의 모습을 우리에게 보여 주시는 말씀입니다.

여러분은 시냇가에 심겨진 나무 같습니다.

악인의 꾀를 쫓지 아니하고 죄인의 길에 서지 아니하고 주야로 하나님의 말씀을 묵상할 때에 들려지는 하나님의 소리가 있기에 복이 있는 것이며 여러분은 그 소리 듣고 삶에 실천으로 옮길 사람이기에 여러분은 형통할 사람입니다.

가뭄이 와도 두려워하지 않고 질병의 고난이 다가온다 해도 낙심치 않는 것은 그럴 때마다 하나님의 소리를 듣기에 여러분은 그 음성 듣고 당장 실천에 옮길 사람입니다.

여러분은 참으로 아무리 생각해도 복이 있는 사람입니다

여러분은 장차 갈수록 잘될 사람 아닙니까?

우리는 하나님의 깨달음 때문에 인격이 변하고 행동이 다르고 하나님의 음성 때문에 회개하고 자신을 다시 돌아보고 깨닫고 다시 주님의 보좌 앞에 나가서 부르짖고 간구하잖아요.

우리에게 하나님이 들려주는 음성을 날마다 듣기를 원합니다.

하나님의 음성 듣고 자신을 돌아보기를 원합니다.

지금의 안의 죄를 향하여 주님의 소리가 들리잖아요.

오늘의 게으르고 나태함에 하나님의 소리 앞에 자리에 일어나 무릎을 꿇고 하나님께 나갈 사람이 여러분입니다.

하나님께 인색하였나요.

자기에게는 풍부하면서도 하나님께는 변명으로 일관하고 억지로 주님 앞에 시간 드린 것도 예수님의 음성 앞에 낮아지고 다시 회개하고 어리석은 자가 아닌 하나님 앞에 인정받는 자가 되기를 원합니다.

하나님의 소리 듣지 않고는 행동하고 나가지 말게 하소서.

주여 이 땅에 모든 목사님들과 장로님들 앞선 자들의 귀가 열려 하나님의 소리가 들려지고 하나님의 음성이 들려져서 새롭게 변하는 삶에 진전되게 하소서.

주여 안의 귀가 열리고 우리의 마음에 하나님의 능력이 나타나소서.

따라서 해요.

> "나는 마음이 넓은 사람입니다."
> 아멘

회복시켜라

(행10:25-26)

하나님이 독생자 예수님을 이 땅에 보내셔서 죽게 한 것은 하나님 자신이 우리를 사랑하심의 큰 증거입니다.

그러나 예수님은 사망의 권세에 메일 수 없어서 죽음에서 살아 났습니다.

십자가에 못 박고 처참하게 창에 찔려서 양손 양발에 긴 대못 박아 죽게 하였고 장사 지내 동굴에 묻고 인봉하여 다시는 나오지 못하게 하여도 예수님은 결국 무덤을 열고 다시 어두운 무덤 속을 밝게 하셨고 우리의 삶에도 예수님이 오시면 환경과 삶에 어두움 이 떠나가잖아요.

예수님이 가시는 곳마다 포로된 자가 자유를 얻고, 눈먼 자가 볼 수 있고, 눌린 자가 자유함을 얻었고, 마귀에게 붙잡힌 모든 사람 을 일어나게 하였던 것입니다.

예수 안에서는 모두가 회복할 수 있는 능력을 주셨습니다.

본문은

예수로 인하여 변화된 성품, 예수님의 성품을 소유할 수 있습니다.

사도 베드로 발 앞에 절하는 고넬료의 모습이나 또 절하는 고넬료에게 일어나라고 나도 사람이라고 죄인이라고 사절하였던 베드로 모습에서 두 사람의 모습은 정녕 예수 안에서 회복된 모습입니다.

여러분은 예수님을 영접하고 예수 이름을 믿습니다.

여러분은 이미 예수님의 자녀가 되었고 예수님의 성품을 가슴에 품고 살아가는 구원받은 사람입니다.

우리의 영혼은 예수님의 거듭남의 표적이 나타났고 이제는 내가 사는 것이 아니라 십자가에 못 박혔다가 사흘 만에 살아나신 예수님이 살아가는 영생의 사람입니다.

여러분은 날마다 예수님의 형상 닮아갈 사람입니다.

지난날의 잘못은 회개하고 돌이키고 교만한 마음 버리고 겸손으로 회복되고 잃었던 건강도 예수 안에서 회복되고 떠났던 행복도 다시 돌아오고 실패하였던 물질도 다시 회복되는 삶이 되시기를 축복합니다.

우리는 무릎을 꿇고서라도 다시 일어날 사람입니다.

금식하고 부르짖을망정 이대로 살아갈 사람 아닙니다.

주여 회복시켜 주옵소서.

병든 몸 건강으로 회복시켜 주옵소서.

교회마다 성전마다 구원의 사람으로 가득 차게 하소서.

교만한 마음 죽어지고 겸손으로 거듭나게 하소서.

우리는 어두움에 메여서 멸망 가운데서 살아갈 사람 아닙니다.

여러분은 성령으로 다시 겸손으로 회복하고 풍부로 회복하고 예수 그리스도의 능력을 입고 병든 자는 손만 얹으면 나음을 얻을 것이며 산 같은 문제도 떠나라고 외치고 이룰 줄 믿고 의심치 않으면 그대로 될 사람이 여러분입니다.

따라서 해요.

> "나는 내가 나를 아는 것보다 더 좋은 사람입니다."
> 아멘

05 | 말씀에 순종하면 복이 모여진다
(행10:27)

 예수님이 있는 자에게는 생명이 있습니다.

생명은 거듭난 영혼을 말하고 죽었다가 다시 살아나신 예수님에게 접붙임이 되었다는 말씀입니다.

하나님은 농부입니다.

독생자를 보내서서 우리의 모든 죄 값을 청산하시고 장사한 후 다시 살아나게 하셔서 우리에게 포도나무로 주셨고 성령으로 거듭난 우리를 나뭇가지로 삼게 하셨고 우리와 예수님은 하나가 되었고 임마누엘로 오셔서 우리 곁에 계십니다.

예수님은 세상 살아가는 우리를 홀로 버려두시지 않으시고 우리 안에 오셔서 성전이 되어 주셨고 불꽃같은 눈동자로 우리를 지키시는 예수님을 우리는 사랑합니다.

그러므로 예수님의 말씀에 순종은 곧 예수님이 복을 주시는 공간이 되기에 순종은 제사보다 낫습니다.

본문은

하나님의 음성 듣고 순종한 사도 베드로 앞에도 고넬료 앞에도 사람들이 가득 모였다는 말씀입니다.

여러분은 이제 여러분이 마음대로 사는 사람 아닙니다.

우리도 십자가에 못 박혔고 이제는 우리는 죽은 지 오래입니다.

이제 우리가 사는 것은 나를 위하여 생명을 버린 하나님의 아들을 믿는 믿음 안에서 사는 것입니다.

이제 우리에게는 부활이 있고 소망이 있고 복이 있는 것은 자신을 철저하게 쳐서 복종하게 하였고 순종하였고 주님의 말씀 앞에 낮아졌고 엎드렸고 주님의 말씀대로 살아가려고 결심한 여러분은 이제 복이 있습니다.

이제는 모두가 모여질 일만 남았습니다.

건강도 모여 올 것이고 행복도 물질도 모여 올 것입니다.

목사님이 순종하면 교회가 가득 모여 올 것이며 장로님, 권사님, 안수 집사님들의 중직들이 하나님의 말씀에 순종만 하면 이제는 우리에게 남은 것은 모여진 곳이 여러분의 것이 될 것입니다.

하나님은 순종하시는 여러분에게 주실 복을 준비하고 이제는 여러분들을 보시고 계십니다.

여러분은 아침마다 성전으로 달려가서 주님의 말씀에 순종함을 배워 왔습니다.

오늘 새벽에도 주님께 나가서 부르짖고 왔잖아요.

아골 골짜기까지 복음 들고 나가리라고 결심하고 왔습니다.

주님이 가라 하시면 어느 곳이든 가서 예수를 증거하고 예수님이 원하시면 무엇이든지 온몸을 드리기로 하였고 두 손 들고 주님을 의지하면서 험한 세상 살아갈 때에도 담대하게 일어나서 승리하신 예수님 앞에 말씀 앞에 순종하면 예수님은 모여지고 채워지는 증거를 우리게 주실 줄 믿습니다.

지금의 삶이 부족하나요?

오늘부터 말씀에 순종하기로 결심하고 헌신하기로 작정하시는 여러분은 복이 있으며 이제 여러분은 모여진 장소에 거할 것이며 한국교회는 일어날 것이며 여러분은 예수의 복을 누리고 살아갈 형통할 사람입니다.

따라서 해요.

> "나는 반드시 일어날 사람입니다."
> 아멘

06

하나님 앞에 모인 사람

(행10:29-33)

하늘나라는 말에 있지 않고 능력에 있습니다.

하나님의 능력은 하늘에서 말씀이 육신이 되어 이 땅에 오신 예수님으로부터 오는 것을 능력이라고 말합니다.

예수님은 하늘에 승천하셨지만 능력의 말씀은 우리에게 주시고 가셨습니다.

너희는 무엇이든지 내 이름으로 구하라,

그리하면 하늘에 계신 내 아버지가 시행하리라.

예수님의 능력의 그 이름도 우리에게 주시고 가셨습니다.

성령이 오셔서 그 말씀을 이 땅에, 그 이름을 우리에게 증거로 주십니다.

예수님의 능력은 성경 속에서 나오고 성경에서 나타나 우리의 마음에 믿음으로 임할 때 예수 이름의 권세가 보이고 예수 이름으로 표적이 나타나는 것입니다.

예수님의 십자가의 권세는 우리의 능력입니다.

예수님은 성령으로 우리에게 오셔서 성령의 사람이 되게 하시려고 성령으로 우리가 믿고 있는 하나님의 말씀을 사용하셔서 우리로 하여금 성령의 능력의 사람이 되게 합니다.

오늘 우리는 그 하나님 앞에 서야 합니다.

본문은

하나님의 음성과 환상을 보고 찾아온 베드로에게 고넬료의 신앙고백입니다.

우리 모두가 하나님 앞에 있다고 고백합니다.

하나님이 보내신 사람, 베드로에게 귀를 기울이면서 하나님의 말씀을 다 듣고 싶다고 그리고 하나님 앞에 다 나왔다고 고백함은 문제는 우리 모두가 하나님 앞에서만 해결됨을 말씀하십니다.

여러분은 참으로 예수를 닮아가려고 애를 쓰는 사람입니다.

우리는 예수님 십자가만 자랑하는 사람입니다.

여러분은 예수님의 복을 누리고 예수님의 능력을 체험할 사람이며 예수님의 권세를 나타낼 사람입니다.

여러분은 날마다 예수님의 말씀에 귀를 기울입니다.

새벽마다 성전에 나가 하나님 앞에 무릎 꿇고 엎드리고 간구할 때 예수님은 여러분에게 말씀으로 찾아 오셔서 음성을 들려주시고 말씀을 통하여서 하나님의 일을 하시려는 하나님의 능력을 의지하고 바라볼 여러분은 잘될 사람입니다.

비록 지금은 힘들고 절망이 엄습하고 어두움이 가득하여도 내일 아침은 하나님 앞에선 여러분은 하나님이 할 일을 보여 주실 것입니다.

오늘 하루는 모든 근심 걱정 하나님 앞에서 내려놓고 무거운 삶의 고난의 짐도 내려놓고 예수님의 평강이 임하기를 축복합니다.

여러분은 하나님 앞에선 하나님의 복을 누릴 예수님의 사람이 되었기에 무엇이든지 문제를 들고 예수님께로 나갈 장차 성공할 사람입니다.

■따라서 해요.

"나는 하나님 없이는 살 수 없는 사람입니다."
아멘

07

하나님의 중심을 깨달아라

(행10:34-35)

하나님은 **사랑**이십니다.

그 사랑이 독생자 예수님을 십자가에 못 박게 한 하나님의 중심에 충만하신 사랑입니다.

독생자 예수님을 우리의 죄 값 대신 희생의 재물로 삼으신 하나님이 우리에게 무엇이라도 다 줄 수 있다는 것을 우리에게 보여 주시는 것이 하나님의 중심이며 사랑입니다.

예수님을 통하여서 우리에게 하나님의 사랑이 전달되고 성령을 통하여 십자가의 사랑이 우리 가슴에 깊이 와 닿고 우리는 예수님을 사랑한다고 오늘도 고백하였습니다.

본문은

이방인 집 고넬료 가문에 와서 베드로가 깨달은 말씀입니다.

이방인도 의를 행하고 예수를 바라보면 하나님은 다 받으시고 사람은 외모로 판단하여도 하나님은 중심을 보시는 하나님의 마음을 깨달은 말씀입니다.

여러분은 예수님을 마음에 품고 살아갑니다.

이름 없이 빛도 없이 아무도 모르게 예수님의 의를 행하고 예수님을 위하여 행한 것 모두다 중심 보시는 하나님이 다 아십니다.

여러분 안에 예수님의 말씀을 담고 살아가는 사람은 예수님의 능력을 체험할 사람이며 그 예수님의 말씀을 믿을 때 우리는 예수님 안에 있고 무엇이든지 간구하면 다 응답받을 능력이 있는 사람입니다.

여러분은 이미 하나님의 형상이 여러분 안에 이루어졌고 하나님의 말씀이 여러분 안에 찾아왔고 성령의 성품을 담고 주님의 일에 충성하고 봉사하시는 여러분은 이미 복을 받은 시냇가에 심겨진 나무처럼 갈수록 청청하여질 사람입니다.

여러분은 이미 예수님을 바라보고 예수님 위하여 살리라고 고백하고 결심하였잖아요.

여러분은 어디를 가도 이제는 잘될 사람입니다.

비록 지금은 힘들고 어렵고 주님을 떠나간 것 같아도 여러분 안에 계신 예수님으로 인하여서 여러분은 주님께로 돌아와 회개하고 예수를 위하여서 마음 다하여 사랑할 사람이며 예수님을 의지하고 예수님만 바라볼 하나님의 축복의 사람입니다.

할렐루야……. 여러분은 이미 성공하고 시작하는 사람입니다.

세상의 지식의 근본은 예수님이시기에 우리는 예수님으로 시작하기에 우리만큼 성공한 자 어디에 있나요?

우리는 깨어 있는 사람이기에 사단이 다가올 수가 없는 사람 아닙니까.

못생기고 배운 것 없고 가진 것 없어도 오늘부디 가슴을 활짝 펴십시오.

아무도 여러분은 얕보고 손가락질하지 못합니다.

여러분은 지금의 그 자리에서 다시 일어나 예수님을 바라보고 예수님의 약속을 붙들 사람이잖아요.

따라서 해요.

> "나는 아는 것 없고 부족하여도 오늘부터 가슴을 활짝 열고 담대하게 예수님만 바라볼 사람입니다."
> 아멘

08

세상을 살려라

(행10:36-38)

영혼이 잘되면 범사가 잘됩니다.

하나님은 우리의 영혼에 관심을 가지고 영혼을 거듭나게 하려고 성령을 주시고 예수 이름을 주셔서 구원케 하셨고 십자가 지시고 우리 죄 용서하셨고 영생을 주셨습니다.

캄캄한 절망의 세상에서 오신 예수님은 화평의 제물이 되어 하나님과 원수 된 인간들과 화평을 이루고 십자가의 생명 길을 만드셔서 성소 휘장을 둘로 나누었고 우리에게 산 길을 만드셔서 누구나 하나님의 보좌 앞 지성소에 나가서 우리 죄를 용서받고 구원의 자리로 나갈 길을 주셨기에 **예수님은 나는 길이요, 진리요, 생명**이라고 하셨습니다.

본문은

하나님이 나사렛 예수님께 성령과 능력을 기름 붓듯이 하셔서 하나님의 일을 하게 하셨고 사단에게 붙들린 모든 자를 자유케 하셨고 고치시고 살리셨다는 말씀입니다.

여러분은 살리는 것은 성령이요, 육은 무익하다는 말씀을 알고 믿고 있는 사람입니다.

여러분은 살리는 예수님의 말씀을 들고 가는 곳마다 낙심과 절망에 빠진 자를 일으키고 살리는 사람이잖아요.

넘어진 자에게 소망을 주고 어두움에 빠진 자에게 희망의 등불을 비추어 주고 죄악에 빠진 자들에게 구원의 빛을 비추시는 여러분은 세상에서 없어서는 안 될 예수님의 빛입니다.

우리가 가는 곳마다 예수님의 표적이 보이고, 우리가 나서는 자리마다 위로와 격려가 많은 이들을 살리고 우리의 말 한마디에 듣는 이가 소망을 가지고 다시 실패의 자리에서도 일어나게 하시는 희망의 불씨를.

여러분은 들고 다니는 사람입니다.

여러분은 세상을 밝게 하는 빛을 예수님으로부터 받았고 세상을 구원할 능력을 성령의 기름 부음을 받았으니 우리는 하나님의 사람이요, 예수님의 마음을 담고 살아가는 예수님의 사랑의 사람입니다.

이제 일어나십시다.

우리 앞에 어두움이 있고 사단의 권세가 진을 치고 우리를 위협할지라도, 우리는 세찬 바람 앞에서도 꺼지지 않는 부활의 예수님을 소유하고 예수 이름으로 부르짖어 어둠을 물러가게 하였고 지금의 질병도 오늘의 실패에서도 예수님의 소망으로 다시 살리고 일으키는 능력이 우리에게는 있습니다.

지옥으로 달리는 이웃의 영혼들, 남편, 아내, 자녀, 부모의 영혼을 밝은 예수님의 빛으로 인도할 능력을 주실 줄 믿습니다.

오늘 하나님이 우리를 사용하실 것입니다.

세상을 살리고, 성도들을 일으키고, 성도들을 높이고 이 땅에 인간의 생사화복을 주장하시는 예수님을 대장 삼으시고 가는 곳마다 어둠을 밝게 하고 가정을 밝게 하고 희망을 불어넣는 여러분은 예수님이 가장 필요로 하시는 그릇입니다.

여러분은 세상에 희망을 주고 소망을 주고 예수를 소개하는 그리고 세상을 살리는 가장 아름다운 축복의 사람입니다.

따라서 해요.

"나는 세상에서 없어서는 안 될 희망의 사람입니다."
아멘

09

나무에 달아 죽였으나

(행10:39-41)

　　성령이 **임하시**면 권능을 받습니다.

　성령으로 아니하고는 증인이 될 수 없고 성령으로 아니하고는 사람을 살릴 수가 없기에 성령을 받으라고 하셨고 성령 충만하기를 하나님은 원하십니다.

　오직 살리는 것은 영이요, 육은 무익합니다.

　육체의 소욕 따라가면 썩을 일만 다가오고 성령의 소욕 따라가면 그곳은 살아나는 증거가 있고 하나님의 능력이 찾아오고 하나님의 축복의 증거가 나타날 것이니 하나님은 우리의 중심을 보십니다.

　그곳이 바로 시냇가요 시절을 좇아 열매를 맺을 사람이며 잎사귀도 마르지 않고 그 행사가 다 형통한 곳입니다.

　오직 성령으로…….

본문은

사단은 예수님을 나무에 달아 죽였으나 하나님은 살리셨다는 말씀입니다.

사단은 우리를 죽일 수 있고 질병에 고난에 절망으로 실패로 우리를 좌절하게 할 수 있고 도적질하고 멸망시킬 수도 있지만 그러나 다시 살아날 능력이 있는 것은 우리에게 성령이 있기에 그렇습니다.

여러분은 그러기에 세상을 살아갈 때에 담대하게 살고 지금의 고난은 마치 죽음을 당하는 것 같고 다시는 일어나지 못할 것 같아도 여러분은 결코 두려워하지 않습니다.

실패의 잔을 마시고 절망의 늪 속에서도 우리는 낙심하지 않는 것은 우리는 반드시 다시 일어날 것이기에 우리는 사단을 향하여 떠나라고 고함을 칩니다.

성령으로 우리에게 오셔서 임마누엘로 찾아오신 예수님은 우리의 편이기 때문에 우리는 저 세상을 향하여 외칩니다.

우리는 지금의 실패의 굴레에서 반드시 일어날 것이며 우리는 기어코 무덤 같은 우리의 가정을 사업장을 교회를 캄캄함의 터널 같은 그 속에서 어두움을 몰아내고 예수의 광명을 비출 것이며 예수님의 십자가의 권세 들고 세상을 우리는 못 박아 버릴 하나님의 능력의 사람입니다.

예수님을 사람들은 나무에 달아 죽였잖아요.

창을 찌르고 못을 박고 멸시 받고 천시하였던 그 자리에서 죽음을 이기고 사망의 권세를 깨트린 분이 우리가 믿는 살아 계신 예수님 맞나요?

예수님을 무덤에 묻고 돌문 닫고 인봉하고 지키는 자들이 무서운 표정으로 무덤을 노려보았지만 사흘 후에 예수님은 무덤을 열고 살아나심은 우리의 희망이요, 소망입니다.

주여 우리를 도우소서.

주여 우리에게 다가온 고난과 지금의 이 어두움에 갈림길에서 우리에게 승리의 노래를 부르게 하소서.

따라서 해요.

> "나는 사단의 매임에서 오늘 벗어날 사람입니다."
> 아멘

10

성령이여 부으소서

(행10:44—45)

사람이 무엇으로 심던지 심는 데로 거둡니다.

많이 심는 자에게는 많이 거두고 적게 심는 자는 적게 거두고 하나님을 사랑하는 마음으로 즐겨내는 자를 하나님은 기뻐하십니다.

예수님은 포도나무요, 우리는 예수님의 가지입니다.

예수님을 떠나서는 우리는 아무것도 열매를 맺을 수 없는 예수님으로 인하여 영의 양식을 공급받을 사람입니다.

예수님으로 인하여 갈 길이 열리고 예수님 이름 때문에 질병이 떠나고 예수님 이름으로 앉은뱅이 고칠 사람입니다.

본문은

이방인 고넬료 집에도 하나님의 말씀 들을 때 마가 다락방 뜨거운 성령의 부음처럼 똑같이 성령 부으심에 유대인들이 충격을 받았다는 말씀입니다.

여러분은 알고 있습니다.

하나님은 약한 자를 부르셔서 강한 자를 부끄럽게 하실 주님, 가난한 나를 부하게 하실 하늘과 땅과 그 가운데 만유를 지으신 하나님이 우리 아버지가 되심을 알고 믿습니다.

우리는 어두운 지난날의 죄악의 그 자리로 다시 돌아갈 사람이 아닙니다.

절망의 한숨의 자리로 다시 들어갈 사람이 아닙니다.

하나님을 멀리 떠났던 낙심의 자리는 우리 것이 아닙니다.

우리는 이제 하나님의 아들 예수님과 세상 끝 날까지 항상 함께할 사람 맞습니까?

여러분은 하나님 보시기에 존귀한 사람입니다.

가진 것 없고 실패하고 고난당하여도 여러분은 버림받을 사람이 절대로 아닙니다.

우리에게는 임마누엘하시는 예수님의 영인 성령이 우리 안에 부은 바 되어서 어디를 가든지 성령으로 지킴을 받을 사람이라고 하나님은 약속하셨습니다.

두려워 말라 내가 너와 함께 하리라고요.

내가 너를 굳세게 하리라고 내가 너를 붙들어 주리라고요.

우리는 잘될 사람 확실합니다.

가뭄이 와도, 우박이 와도, 우리는 두려워할 사람 아닙니다.

천지를 지으신 이가 우리와 함께하시기 때문에 그렇습니다.

어제는 실패하였고 절망의 그늘이 우리를 덮었다 하여도 오늘은 광명의 주님의 찬란한 소망의 빛이 우리를 향하여 찾아오고 있습니다.

비록 지금은 주님을 떠났고 한숨과 눈물에 잠겼다 하여도 오늘부터 낙심하지 말아요. 오늘부터 걱정하지 말아요.

예수님 두 손 벌려 우리를 기다리고 있잖아요.

왜 혼자만 고난당하는 것처럼 혼자만 세상 근심 다 가진 사람처럼 울고만 있나요.

왜 다시는 일어날 수 없다고 체념하고 절망하고 죽을 일만 생각하나요.

우리는 절대로 죽을 사람 아닙니다.

우리는 사방으로 우겨 싸임을 받고 꺼꾸러뜨림을 당하여도 우리는 다시 일어날 사람이라고 성경은 약속하셨잖아요.

우리 안에 예수님이 절망의 무덤을 열고 일어나셨잖아요.

아무도 열지 못하게 무덤을 닫고 인봉하였지만 예수님은 사망의 굴레에 메여 있을 수 없는 하나님이시기에 사망의 권세를 멸할 권세를 주신 분이 우리 안에 계시기에 우리는 결코 망할 사람이 아닙니다.

■■따라서 해요.

> "나는 지금의 이 고난에서 반드시 일어나 예수의 복을 누리고 살아갈 사람입니다."
> 아멘

11

성령의 표적이

(행10:46－48)

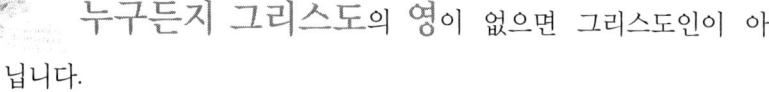

누구든지 그리스도의 영이 없으면 그리스도인이 아닙니다.

예수님의 영인 보혜사 성령님은 예수님의 그 일을 그대로 하시는 예수님의 능력을 행하시는 하나님이시기에 성령으로 아니하고는 구원받을 수가 없습니다.

성령님은 성령님의 것을 따로 가지시고 일하시는 것 아니며 예수님이 이 땅에서 이루어 놓으신 십자가의 구속의 축복을 믿는 자에게 이루시고 구원의 자리로 나오게 하시는 능력의 하나님이십니다.

힘으로도 못하고 능으로도 할 수 없어도 성령으로 하면 능치 못함이 없으며 큰 산이 평지로 낮아지고 바람과 파도도 성령의 권세 아래 지금도 잠잠하여 질 것이며 믿는 자들에게 찾아오셔서 표적을 주시는 분이 성령 하나님이십니다.

본문은

이방인 고넬료 가정에 베드로가 하나님 말씀을 들고 왔을 때 하나님은 성령의 증거를 주셨습니다.

방언과 세례와 그들의 인격 변화를 말씀하시는 축복의 말씀이십니다.

여러분은 주님을 사랑하는 사랑하시는 사람입니다.

여러분 안에는 하나님의 아들이 있고 죄 사함이 있고 영생이 있으며 삶의 성령의 임재로 표적이 나타나는 하나님의 사람입니다.

우리는 예수님의 약속을 믿기에 귀신을 쫓아내고 새 방언을 말하고 뱀을 집으면 무슨 독을 마실지라도 해를 받지 않고 병든 자에게 손을 얹는 이유도 우리는 예수님의 약속을 믿고 그곳에 얹어 기도하면 나을 줄 믿으며 자리에서 일어나 하나님께 영광을 드리는 것입니다.

믿는 자들에게 표적이 따르는 것은 성령님의 임재가 있기에 성령님은 하나님의 일을 하시는 능력의 하나님이시기에 오늘도 성령이 우리의 삶의 환경에 나타나셔서 성령의 증거와 성령의 표적이 이루어지기를 축복합니다.

그러므로 오늘의 실패 앞에서도 질병 앞에서도 문제 앞에서 우리는 두려워하지 않잖아요.

비록 자신이 환경 따라 살다 보니 잠시 주님을 떠난 것 같아도 다시 회개하고 예수님께 돌아가면 예수님은 성령님을 통하여 우리의 가슴에 찾아오고 예수님의 용서와 평강과 축복을 우리에게 베푸시는 하나님의 사랑을 믿고 우리는 주님께로 달려 나가잖아요.

오늘은 무언가 응답이 찾아올 것 같지 않습니까?

우리 안에 계신 성령님이 나와 동행하시고 우리의 기도를 들으시는 주님의 약속이 있기에 우리는 세상을 담대하게 일어서서 박수로 하나님께 영광을 드리고 성전 제단 앞에 엎드려 주님을 의지하고 바라보는 우리는 반드시 세상을 성공으로 살아갈 축복의 사람입니다.

왜 두려워하시나요.

왜 걱정에 젖어서 힘을 잃고 용기도 잃고 의욕도 상실하고 좌설에 젖어 있나요.

예수님은 지금도 성령으로 오셔서 우리 가슴을 두드리잖아요.

다시 일어납시다. 다시 십자가 주님 바라보시구요.

오늘도 용기를 들고 담대하게 일어나셔서 성령의 증거가 나타나는 표적의 하루가 되시기를 축복합니다.

따라서 해요.

"나는 문제 앞에서 포기할 사람이 아닙니다."
아멘

12

잘한 일에 힐난하지 말라

(행11:1-3)

봄이 가고 뜨거운 여름이 온다는 것은 우리가 살고 있는 위치가 뜨거운 태양 가까이 가고 있기에 그런 것처럼 천지를 창조하신 하나님께 가까이가면 하나님의 능력은 더 충만하게 나타나고 하나님의 표적이 약속을 믿는 자에게 크게 나타나는 것입니다.

겨울 같은 싸늘한 신앙의 가슴에도 하나님께 가까이 가면 마음이 뜨거워지고 주님의 능력을 체험할 절호의 기회이므로 누구나 성령 충만하여야 합니다.

예수님은 포도나무요, 우리는 그의 가지입니다.

예수님을 떠나면 차가운 시베리아 벌판의 바람처럼 우리의 삶이 힘들고 어려운 것입니다.

하나님께로 나가면 하나님은 우리의 작은 신음소리도 듣고 우리를 푸른 초장으로 인도하시는 하나님을 찬양합니다.

구하는 자에게 좋은 것을 주시려는 좋으신 하나님이 우리 아버지가 되시고 십자가 지신 예수님 우리 주님이십니다.

그러므로 하나님을 사랑하는 자는 점점 더 하나님께로 더 가까이 나가려고 몸부림치는 여러분은 그래서 복이 넘칠 사람입니다.

본문은

이방인들이 성령 받고 구원받는 자리에 사도 베드로가 그 자리에서 함께 먹고 마셨다는 이유로 힐난하고 판단하였다는 말씀입니다.

여러분은 잘한 일은 칭찬하고 격려하고 존경하잖아요.

나보다 잘하고 나보다 기도 대장이요, 봉사의 앞선 자를 우리는 판단하고 나무라지 않습니다.

우리는 그들을 높여주고, 격려하고, 기도할 사람입니다.

여러분은 하나님의 성령이 성전 삼고 계시기에 하나님을 떠나서는 살 수 없고 비록 잘못 가는 길이라 깨닫고 느껴지면 얼른 그 자리에서 일어나 주님 계신 곳으로 달려 나갈 여러분은 복이 있는 사람입니다.

오늘 새벽에도 주님께로 달려 나가 부르짖고 간구하고 감사하고 왔잖아요.

내가 못한 일을 다른 이가 하였을 때 우리는 예수님 사랑으로 칭찬하고 격려하는 여러분은 참으로 교회에서 꼭 필요한 하나님의 사람입니다.

아무리 생각해도 여러분은 잘될 사람이며 형통할 사람이며 축복의 사람입니다.

두고 보십시오. 우리는 주님의 손을 붙들고 있기에 우리의 성품이나 행위에도 예수님의 향기가 나고 우리로 인하여서 교회가 부흥되고 날마다 구원의 자리에 서서 하나님을 기쁘게 할 여러분은 참으로 성공할 사람입니다.

오늘의 작은 일에 낙심치 말아요.

오늘의 실패에, 지금의 고난에 절망하지 말아요.

능치 못함이 없으신 예수님이 우리 손 붙들고 내가 너를 굳세게 하리라고 약속하셨잖아요.

■ **따**라서 해요.

"나는 기도할망정 낙심할 사람은 아닙니다."
아멘

13

내가 시작하면 하나님이 시작하신다

(행11:4-15)

하나님을 사랑하시나요?

하나님은 우리를 사랑하시기에 독생자를 주셨잖아요.

그 하나님은 좋으신 하나님이십니다.

하나님은 우리에게 독생자를 주시기까지 우리를 사랑하시기에 우리 또한 목숨을 다하여 뜻을 다하여 주님을 사랑하기를 원하심을 믿어지면 아멘…….

하나님은 하나님의 성품을 우리에게 넣어 주셨습니다.

누구든지 예수를 영접하고 그 이름을 믿기만 하면 하나님의 성품과 하나님의 인격과 하나님을 닮아가는 자녀가 되는 권세를 주셨잖아요.

이제는 우리가 사는 것은 우리의 타고난 선천성의 성품 인간의 사사로운 생각을 버렸고 십자가에 못 박았고 우리 안에는 우리를 위하여 십자가에 죽으신 하나님의 아들 예수님을 믿는 믿음 안에서 사는 것입니다.

하나님은 믿음으로 고백하고 시인할 때 성령의 역사가 나타납니다.

본문은

이방인의 가정 고넬료의 집에 갔을 때 사도 베드로의 간증입니다.

15절 말씀에 내가 말을 시작할 때에 하나님이 일 하시더라는 말씀입니다. 역대하 20장에 드고아 전쟁 아시죠.

여호사밧 임금과 백성들이 성가대 조직하고 전쟁터에 나가 하나님께 찬양 소리가 시작될 때에 하나님은 복병을 보내셔서 모압과 암몬과 세일산 사람을 전멸하셨잖아요.

모세가 홍해를 향하여 손들 때 물이 갈라지기 시작하였고 우리가 믿음으로 나사렛 예수 이름으로 일어나라고 고함을 칠 때 성령은 강하게 역사하시기에 우리는 외칩니다.

여러분은 담대하게 고함을 치잖아요.

산 같은 질병과 고난과 실패와 고통이 나에게서 떠나라고 외치고 그 말씀이 이룰 줄 믿고 의심치 않으면 여러분은 이미 승리한 사람입니다.

지금 한번 외쳐 보세요. 문제는 나에게서 떠나라고요.

비록 우리의 믿음이 부족한 것 같아도 예수 이름이 있잖아요.

무덤을 열고 인봉한 무덤 문이지만 열어 버렸고 사람들은 십자가에 못 박았지만 예수님은 사망의 고통에 메일 수 없는 하나님이시기에 예수님은 승리하셨고 우리도 예수 이름으로 담대하게 승리할 사람임을 믿어지면 아멘…….

두려워하지 말아요. 예수님이 여러분을 굳세게 하시잖아요.

예수님이 지금 곁에 계시잖아요.

우리는 절대로 망할 사람 아닙니다.

꺼꾸러뜨림을 당하여도 우리는 멸망당할 사람 아닙니다.

믿어지면 질병이 떠나도록 크게 아멘하여 보십시오.

어때요. 병이 떠나고 문제가 해결되고 잘될 것 같지 않나요?

따라서 해요.

> "오늘은 무언가 엄청 좋은 일이 있을 것 같다."
> 아멘

14

하나님을 막지 말라

(행11:16-18)

성령이 오시면 권능을 받습니다.

새 방언을 말하고 표적이 따르고 바람 같은 불같은 예수님의 권세가 사모하는 자들에게 강력하게 나타나고, 귀신을 쫓아내고 질병을 몰아내고 뱀과 전갈을 밟으며 원수의 모든 능력을 제어할 권세를 나타내고 청년들은 예언을 늙은이는 꿈을 꾸는 일들이 일어나게 됨은 우리가 믿는 하나님이 살아 계신 증거입니다.

본문은

할례 받은 유대인이 이방인 고넬료 가정 부흥회를 인도하고 함께 유숙하였다는 이유로 힐난을 당하고 모욕을 받을 때 오늘 베드로는 하나님이 하시는 일은 아무도 막을 수가 없는 하나님의 능력이라고 간증하는 말씀입니다.

하나님은 이방인들에게도 구원의 빛을 비추셨고 하나님은 누구나 예수를 영접하고 믿는 자에게는 하나님의 자녀가 되도록 죄 사함과 거듭남과 영생을 주셨습니다.

그러므로 하나님은 된다고 하셨는데 우리는 안 된다고 해서는 된다는 하나님을 막을 수가 없는 말씀입니다.

여러분을 부르신 하나님은 후회하심이 없습니다.

못나도 못 배워도 우리를 부르신 하나님은 사랑하십니다.

여러분은 성령으로 거듭난 용서받은 영혼이기에 거룩하신 하나님이 함께 오셔서 거할 지격이 있는 사람입니다.

오늘의 삶은 구차하고, 고난당하고, 힘들고, 눈물이 가려도, 내일은 좋으신 하나님이 우리에게 기쁨을 준비하시고 소망을 준비하시고 응답하시고 지금의 고난의 자리에서 일으켜 주실 예수님을 찬양합니다.

여러분은 하나님이 뜻을 여러분의 뜻으로 받아들이고 자신의 생각이나 판단이나 경험을 버리고 하나님의 말씀에 순종할 사람입니다.

비록 지금은 예수님을 멀리 떠났다 하여도 예수님은 우리의 이름을 손바닥에 새기고 젖먹이 자식을 잃는 어머니의 마음보다 더 강하게 붙드시는 하나님의 마음은 우리를 끝까지 기다리시고 또 기다리시고 복을 주시는 예수님이십니다.

그 예수님을 사랑한다고 크게 3번 고백하십시다.

예수님만 사랑합니다. 예수님을 사랑합니다. 예수님을 사랑합니다.

여러분은 이미 성령으로 하나님을 아바 아버지라고 부르고 우리 안에는 그리스도의 영이 있기에 우리는 영생을 얻은 구원받은 그리스도인이 되었음을 믿어지면 아멘……

이제는 세상 살아갈 가치가 있고 세상 살아갈 의미가 있는 형통할 사람 아닙니까?

세상이 우리를 유혹하고 세상이 우리가 예수를 부인하게 하려 하여도 우리는 예수님을 부인할 수 없고 예수님을 잊을 사람이 아닙니다.

우리는 지금의 절망의 구렁텅이에서도 일어설 날이 옵니다.

우리는 지금의 질병과 낙심을 예수 이름으로 떨쳐 버리고 오늘 우리는 다시 고난의 자리에서, 실패의 자리에서 다시 일어나서 살아 계신 하나님께 영광을 돌릴 축복의 사람입니다.

우리는 잘 살 사람입니다.

우리는 생육하고 번성하고 땅을 정복하고 다스릴 권세가 있는 사람 아닙니까? 맞나요?

따라서 해요.

"나는 예수 이름으로 구원받고 행복하게 살아갈 자격이 있는 사람입니다."
아멘

15

주님의 손이 함께하는 사람

(행11:19-21)

오늘도 밝고 맑은 아름다운 세상입니다.

세상이 아름다운 것은 세상에서만이 우리 영혼이 구원을 이룰수가 있기에 죄 많고 악한 세상이지만 우리는 세상을 잊을 수가 없고 하나님도 세상을 사랑하셔서 독생자 예수를 보내셨고 예수님은 세상의 죄를 위하여 십자가에 죽으셨습니다.

세상에서만이 누구든지 예수님을 영접하고 믿는 자에게는 멸망치 않고 영생을 얻게 하셨습니다.

하나님을 사랑하시나요?

하나님은 어젯밤에도 불꽃같은 눈동자로 여러분을 떠나지 않고 오늘 새벽에도 여러분의 발걸음을 인도하셨고 성전에서 말씀에 귀를 기울이게 하심은 하나님을 사랑하게 하심입니다.

본문은

주님의 손이 나타나신 표적을 기록한 말씀입니다.

유대인들에게만 복음을 전할 데는 없었던 주님의 손이 헬라인에게 복음 전할 때, 이방인에게 복음 전할 때 주님의 손이 찾아 오셨습니다.

여러분은 예수님의 약속을 믿는 예수님의 믿음의 사람입니다.

여러분은 예수님의 손이 나타날 사람입니다.

성전에 있든지 길거리에서 시장에서나 어디서나 예수는 우리의 구원의 주님이라고 고백하고 전할 사람이기에 여러분에게는 주님의 손이 나타나셔서 주님의 능력이 찾아올 때 여러분은 예수 이름으로 승리할 축복의 사람입니다.

지금의 시절이 아무리 힘들고 고난의 눈물의 밥을 먹고 있다 하여도

내일은 희망이 있고 소망이 있는 것은 하나님은 결코 복음을 전하시는 여러분을 그냥 보고만 계시지를 않고 비록 지금은 고통에서 메여 낙심하고 좌절하여도 내일은 우리 앞에 푸른 초장이 있고, 쉴만한 시냇가가 기다리고 있고, 우리는 반드시 일어날 수 있는 비결은 주님이 십자가의 죽음에서 다시 살아나신 능력이 나타나시기에 그렇습니다.

사방으로 둘러보세요.

주님은 소돔, 고모라 같은 현실의 세상에 여러분을 세상에 보내고 그들에게 복음을 전하기를 기다리시는 주님의 손이 나타나기를 바라고 계십니다.

죽었다가 다시 절망의 무덤을 열고 살아나신 예수님 때문에 아무리 생각하여도 우리는 잘될 사람이잖아요.

지금의 실패와 질병과 고난이 우리에게는 잠시 있을 뿐 우리에

게는 결코 영원하지 않습니다.

꺼꾸러뜨림을 당하고 실패를 하고 넘어져도 두려워하지 말아요.

오늘부터는 아무 걱정하지 말고 복음만 전해요.

주님의 복음만 전하기로 작정하시면 주님의 손이 찾아와 지금의 문제를 해결하실 것이고 지금의 질병을 고칠 것이며 지금의 불행이 변하여 행복으로 바꾸어질 사람 아닙니까.

오늘의 질병이 변하여 내일은 주님의 건강으로 형통함을 누리고 살아갈 여러분은 누가 보아도 복 있는 사람입니다.

크게 따라해요.

> "나는 지금의 문제를 예수 이름으로 기어코 형통으로 바꿀 사람입니다."
> 아멘

16 소문을 타고 퍼지는 예수님

(행11:22-23)

예수님은 어제나 오늘이나 영원토록 변함이 없습니다. 예수님은 말씀이 육신이 되셨기에 예수님은 거룩한 영의 몸입니다.

흙으로 만들어진 육체가 아니기에 예수님의 시체는 이 땅에 남을 필요가 없었습니다.

예수님은 친히 몸이셨던 말씀을 승천하시기 전에 우리에게 남기시고 가셨으니 우리에게는 예수님의 능력과 권세가 여전히 우리 안에 남았고 우리는 지금도 그 말씀으로 귀신을 쫓아낼 수 있고 병든 자를 고칠 수가 있으니 지금도 예수님의 일은 계속하여 진행되고 있잖아요.

말씀으로 우리와 함께 하셔서 지금도 변함없이 살았고 운동력이 나타나는 하나님의 말씀을 믿고 담대하게 병든 자에게 손을 얹으면 병자가 낫습니다.

본문은

초대교회 유대인 이외 이방인들에게도 복음을 전하여 복음의 말씀의 능력이 나타난 엄청난 사건을 성도들의 입으로 전하여지는 소문에 많은 사람들에게 예수가 알려졌고 예수님의 은혜가 나타났고 기쁨과 헌신과 믿음이 충만하였다는 말씀입니다.

여러분은 예수님의 입이 되기를 원합니다.

여러분에게 예수님은 복음의 입술이 되기를 기다렸고 우리의 손과 발이 예수님의 손과 발이 되기를 원하심을 우리는 알고 있는 사람입니다.

그러기에 우리의 입에 찬양이 부름 받아 나선 이 몸 예수님을 위하여서는 어디든지 나가겠다는 결심을 하고 아골 골짝 빈 들까지라도 복음 들고 갈 것이며 멸시 천대받으면서까지 예수님을 위하여 살겠다는 굳은 각오와 결심을 남길 믿음이 있는 것입니다.

여러분의 섬기는 교회에서 역사하시는 예수님을 자랑하고 목사님을 통하여 말씀으로 역사하시는 예수님.

장로님, 권사님, 성도님들을 사용하시는 예수님을 끊임없이 자랑하고 입술로 예수님을 이야기할 수 있기에 예수님은 여러분에게 모든 것을 맡겨 놓고 기다리십니다.

여러분 안에는 항상 예수님이 계시기에 사랑으로 예수님을 증거하고 여러분의 입술에 말 한마디가 예수님이 담긴 말을 할 수 있다는 것은 여러분은 축복의 사람이요, 여러분은 예수님의 사람이기에 예수님을 늘 자랑할 긍정적인 사람이요, 적극적인 승리할 사람이기에 그렇습니다.

여러분은 누구를 만나면 예수님을 말하고 싶잖아요.

여러분은 성령으로 거듭났고 성령으로 행할 믿음의 사람이기에 여러분은 이 땅에서 큰일을 감당할 은혜의 사람인 것을 예수님은 이미 알고 부르셨습니다.

따라서 해요.

> "나는 하나님이 마음 놓고 사명을 맡겨도 될 사람입니다."
> 아멘

그리스도인

(행11:24-26)

하나님의 아들이 있는 자는 생명이 있고 아들이 없는 자에게는 생명이 없습니다.

누구든지 그리스도의 영이 없으면 그리스도인이 아니며 하나님의 아들 예수님이 우리 안에 머물고 있는 증거가 있어야 영혼이 거듭났고 멸망치 않고 영생을 얻습니다.

하나님은 영이십니다.

육신의 우리 눈에는 보이지 않아도 천지만물에 그분의 능력을 보여 주었고 꽃 한 송이 풀 한포기에 하나님의 창조의 능력을 보여 주었기에 우리는 하나님이 없다고 부인할 수 없고 변명할 수가 없습니다.

하나님은 보혜사 성령님을 우리에게 보내 주셨습니다.

성령으로 아니하고는 예수를 말할 수가 없고 성령으로 아니하고는 그리스도인답게 살 수가 없습니다.

본문은

초대교회 성도들이 안디옥에서 처음으로 그리스도인이라는 호칭을 듣게 되었다는 말씀입니다.

여러분은 그리스도라는 의미를 알고 계십니다.

온 세상을 지배하시는 왕이라는 뜻이요, 세상에 죽어 가는 그들에게 말씀을 전하고 그들로 돌아오게 하는 능력이며 죄의 짐을 지고 가신 예수님의 공로를 사람들에게 나타나게 하는 여러분은 그리스도인입니다.

여러분은 성령 받고 나면 권능이 따라오잖아요.

그 권능은 바로 증인되는 능력이며 예수 이름으로 귀신을 쫓아내고 복음을 전하고 죄 사함의 비밀을 알게 하시고 이 땅에 하나님을 나타내시는 여러분은 그리스도인입니다.

여러분은 만나는 사람마다 예수를 전하고 싶고 만나는 사람마다 죄 사함을 말하고 예수 이름으로 담대하게 외치고 고함을 칠 수 있는 여러분은 그리스도인이 맞습니다.

믿는 자들에게는 이런 표적이 따릅니다.

그리스도인은 예수 이름으로 귀신을 쫓아 버립니다.

그리스도인은 새 방언을 말하고 병든 자만 보면 손 얹고 나사렛 예수 이름으로 병을 향하여 명령하고 떠나가라고 고함을 칠 담대함이 가득하고 마음으로는 믿습니다.

여러분은 그리스도의 향기입니다. 가는 곳마다 오늘도 예수를 나타내고, 예수님의 사랑을 말하고, 예수님의 능력을 말할 수 있는 향기의 사람입니다.

오늘 한 번 실패하고 원치 않는 질병이 우리 안에 들어와 있다

하여도 걱정하지 말아요.

절망의 구름이 가득하고 보이는 환경이 답답하고 삶에 회의와 갈등이 덮여져 온다 하여도 염려하지 말아요.

우리는 예수 이름의 왕권으로 명령할 권세가 있잖아요.

예수의 능력 있는 말씀을 들고 있는 능력의 사람이잖아요.

예수 이름으로 죄 사함 받았고 우리는 심판이 지나갔으며 이제 우리는 행함에 상급을 받을 사람이잖아요

지금 실망의 좌절에서 자리에서 담대하게 일어나십시오.

지금의 어두운 죄악의 자리는 여러분의 자리가 아닙니다.

여러분은 택하신 족속이요, 왕 같은 제사장들입니다.

어두운 방에 우울하게 들어 박혀서 시간만 보낼 사람이 아닙니다.

우리 앞은 지금 곧 밝고 광명의 소망의 날들이 기다리고 있고 병 나음과 갈 길이 열리고 형통할 일들만 가득하게 밀려옵니다.

■**따**라서 해요.

"나는 세상에서 무언가 큰일을 하고 떠날 예수의 사람입니다."
아멘

18 성령으로 말하라

(행11:27-30)

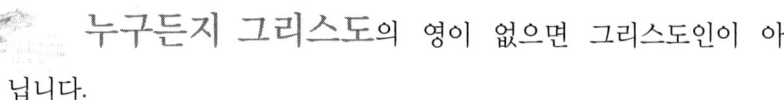

누구든지 그리스도의 영이 없으면 그리스도인이 아닙니다.

그리스도의 영은 성령이며 성령으로 아니하고는 하나님의 표적을 체험할 수 없고 예수 이름의 권세를 맛볼 수도 없는데, 성령님은 이 시대에 세상을 지배하는 능력의 하나님이시기에 오직 성령님만 우리의 능력이시고 성령으로만 구원을 얻을 수가 있습니다.

사랑하는 자녀에게 영혼이 잘되기를 바라는 것은 범사가 잘되고 강건한 축복을 이룰 수가 있기에 그렇습니다.

본문은

아가보라는 사람이 성령으로 말하기를 온 천하에 흉년이 들리라고 말하니 그대로 되었다는 말씀입니다.

성령으로 하는 말과 성령으로 시작하는 일은 성령이 책임지기 때문에 성령으로 무엇이든지 하면 성령의 증거가 나타납니다.

여러분은 성령으로 하는 말을 알고 있습니다.

죄 사함을 말하고 구원을 말하고 천국을 말하잖아요.

여러분은 성령으로 말함은 성령의 감동으로 하는 말이 성령으로 말하는 것을 알고 이 말은 성령님이 책임지는 말입니다.

여러분은 사랑의 말을 합니다.

예수님은 성령을 통하여서 나타내실 때 사랑으로 찾아와 우리를 사랑으로 말하게 하십니다.

여러분은 성령으로 봉사하고 성령으로 헌신하시고 성령의 표적이 나타나는 하나님의 사람입니다.

여러분은 세상 살아갈 때 우리의 힘으로 살지 않습니다.

성령으로 기도하고 성령으로 시작하여서 성령으로 마칠 축복의 사람입니다.

성령을 따라가면 푸른 초장이 있고 쉴만한 물가가 기다리며 성령으로 엎드리면 우리 몸에 병이 들어왔다가도 일곱 길로 떠나 버립니다.

비록 지금의 실패가 질병이 고난이 우리를 낙심케 하고 좌절하게 하여도 성령의 능력을 바라보고 성령의 권세를 의지하고 순종하면 여러분은 시냇가에 심은 나무처럼 시절을 좇아 열매를 맺습니다.

다시 일어설 수 있는 비결은 오직 영으로 오신 하나님을 붙들고 의지하고 성령이여 도우소서 하고 엎드리면 성령은 우리 편이시고 우리의 아픔을 담당하실 것입니다.

우리는 결코 넘어져 뒤로 물러갈 사람이 아닙니다.

우리에게는 우리를 도우시는 성령님이 계시기에 누구든지 청결하게 회개하고 죄악을 버리고 성령님이 사용하시는 하나님의 말씀을 들고 문제는 떠나라고, 질병은 나에게서 떠나고 불안과 초조도 사라지고 오직 성령으로 나를 도와 달라고 부르짖으면 오늘부터 우리는 달라질 사람입니다.

환경이 달라지고 삶이 달라지고 건강이 달라지고 가정에 행복이 강물같이 밀려올 것이며 가는 길은 형통할 것이며 세상에서 살맛나는 사람으로 살아갈 것입니다.

■ **따라서** 해요.

"나는 세상에서 버려질 사람이 아닙니다."
아멘

19 | 세상 임금 사단을 내적하라

(행12:1-3)

예수님은 생명의 떡입니다.

누구든지 이 생명의 떡을 먹으면 영생을 얻습니다.

이 땅에 사는 사람은 누구나 예수님의 생명의 떡을 먹어야 그 안에 생명이 흐릅니다.

예수님의 피와 예수님의 몸을 먹을 때 믿음의 능력은 곧바로 예수님의 권세와 능력이 나타나는 축복의 사람이 됩니다.

예수님은 우리에게 이 떡을 주려고 이 땅에 오셔서 떡을 먹을 사람들의 죄악의 값을 먼저 청산하여 주셨고 사망의 권세를 가지고 세상을 지배하던 사단은 예수님으로부터 생명을 잃었고 이제는 사망의 권세는 빼앗겼고 승리는 예수님의 부활로 입증하여 주셨고 그 증거를 우리에게 남기셨으므로 우리는 영원히 죽음에서 살아날 사람입니다.

그러므로 누구든지 예수를 믿으면 죄에서 용서받았고 영혼은 죽음에서 깨어나 하나님을 아버지라 부르고 하나님이 주시는 영의 양식을 먹고 이 땅에서도 영생을 맛보고 살아갑니다.

사단이 이 땅에 온 것은 도적질하고 죽이고 멸망시키러 우리에게 와서 지금도 우리를 질병으로 실패와 낙심과 절망으로 우리를 위협하여도 우리는 알고 사단을 대적합니다.

사단은 이미 예수님으로부터 심판을 받았고 들고 있던 사망의 무기를 빼앗겼고 지금은 거짓으로 말하고 다니는 저 사단을 우리는 생명의 예수 이름으로 대적합니다.

본문은

초대교회 예루살렘에 분봉왕 헤롯이 요한의 형제 야곱을 순교시켰다는 말씀입니다.

여러분은 알고 있습니다.

지금 우리에게는 영적 헤롯인 사단이 우리를 위협하고 있음을 우리는 알고 오늘 아침도 새벽 성전으로 달려가서 부르짖고 예수 이름으로 대적하고 고함을 치고 왔습니다. 사단아 물러가라고요.

내 몸에 질병과 고난과 산 같은 문제는 예수 이름으로 떠나라 외치고는 마음에 의심치 아니하였으니 그대로 된 줄 믿습니다.

오늘 병은 떠날 것이고, 오늘 사단은 이 진리를 알고 대적하는 여러분의 믿음을 보고 벌벌 떨고 혼비백산하여 떠났으니 승리는 우리의 것입니다.

누가 우리를 보고 멸시하나요?

누가 우리를 보고 비웃고 천시 여기나요?

배우지 못하였다고, 가진 것 없다고, 병들었다고, 못났다고 누가 우리를 우습게 생각하나요?

우리는 이제 멸시당할 사람 아닙니다.

우리는 망할 사람은 더더욱 아닙니다.

우리는 오늘 아침 세상 임금 사단의 권세를 밟아 버릴 권세가 우리에게 있고 전갈을 밟아 버리고 저주의 흉악한 결박에서 벗어날 사람이 아닙니까.

우리는 꺼꾸러뜨림을 당하여도 일어날 사람이며 지금은 병들고 오늘은 실패 하여도 내일은 일어날 사람입니다.

걱정하지 말아요.

썩어질 사단의 말에 귀신의 말에 속상하게 생각하지 말아요.

얼마 있다가 사라질 것이니 우리는 그 말에 위협을 당할 사람이 아닙니다.

따라서 해요.

> "나는 가진 것 없고 배운 것 없다 해도 세상에서 멸시받고 천시받을 사람은 아니며 못생겨도 하나님의 자녀입니다."
> 아멘

20

세상은 기뻐하지만

(행12:3-5)

예수님은 생명의 떡입니다.

누구든지 그 떡을 돈 없이 값없이 먹을 수가 있습니다.

예수님은 아무도 그 떡을 먹으러 오는 자들을 쫓아내지를 않습니다.

집 나간 탕자였고 울타리 벗어난 어린 양같이 세상에서 상처를 입고 허물과 추한 모습으로 찾아와도 예수님은 절대로 우리의 지난날을 묻지 않습니다.

예수님은 인생들의 길이요, 진리요, 생명입니다.

죽었다가 다시 살아나야만 우리에게 생명을 줄 수 있고 피 흘려 살 찢고 생명이 희생의 재물이 된 예수님만이 우리의 죄 값을 갚을 수 있는 권세가 있습니다.

예수님 공로 없이는 아무도 천국에 들어갈 수 없습니다.

하늘 아래 오직 예수님만이 내 영혼의 길이 되시고 천국 가는 진리가 되시고 영생의 생명이 되실 수 있는 것은 하늘 아래 오직 예수님만이 죽었다 다시 살아나셨기 때문입니다.

본문은

초대교회 사도들이 헤롯의 손에서 순교할 때 믿음의 사람들은 애통하고 슬펐지만 세상은 기뻐하였고 성령의 사람들은 가슴을 쳐도 못 박은 그들은 노래를 불렀다는 말씀입니다.

예수님이 십자가에 못 박혔을 때도 빌라도 총독도 헤롯왕도 기뻐하고 승리의 북을 울렸지만 최후에 그들은 멸망하였잖아요.

세상은 기뻐하고 춤을 춘다 하여도 그곳은 멸망의 버림받을 자리입니다.

여러분은 예수님과 동행하시는 죄 사함 받은 사람입니다.

우리에게는 영생이 있고, 우리에게는 진리가 있고, 예수의 약속의 희망은 우리의 것입니다.

우리가 당한 현실에 때로는 병들고 실패하고 부도가 나고,고난이 다가올 때 세상은 우리를 보고 농락하고 손가락질할지 몰라도 우리는 이대로 주저앉을 사람 아니잖아요.

세상이 우리를 비웃고 헐뜯을지라도 세상의 비난은 결코 오래가지 않습니다.

나무에 예수님 달아 놓고 쾌재를 불렀고 승리의 축배를 들었던 그들은 사흘 후에 예수님 무덤 앞에서 혼비백산하여 벌벌 떨었잖아요.

지금은 우리의 모습에 세상은 손가락질한다 하여도 내일은 우리가 그들 앞에서 담대할 것입니다.

성령은 우리의 연약함 도우시고, 나의 작은 신음 소리까지 귀를 기울이시는 하나님이 우리 곁에서 임마누엘하시고, 우리는 다시 일어설 사람이기에 오늘 세상이 뭐라고 말하여도 우리는 낙심하지 않습니다.

오늘 세상이 우리를 보고 손가락질한다 하여도 우리는 절망하지 않습니다.

아무리 헐벗고 부족하고 못나도 우리는 결코 절망에 젖어 버림받을 사람이 아닙니다.

걱정하지 말아요. 오늘부터 아무 염려하지 말아요.

승리는 예수 이름에 달렸고, 부활은 예수님 절망의 절규에서 시작이 되었으니, 우리는 반드시 다시 일어날 사람이며 최후의 승리는 우리 것입니다.

■■**따**라서 해요.

"나는 반드시 지금의 자리에서 일어설 사람입니다."
아멘

21

옥에 갇혔고 교회는 기도하고

(행12:5)

오늘도 좋은 날입니다.

좋으신 하나님이 우리 아버지가 되시기에 하루에도 좋은 일이 밀려올 것이며, 좋으신 하나님이 우리에게 좋은 것을 준비하신 모든 것을 받아 누리는 하루가 될 것입니다.

병든 자는 고침 받고 궁핍 속에서 축복의 한 줄기 빛이 비춰 오고 실패 가운데서도 바라볼 하나님이 계시고, 꺼꾸러뜨림을 당하여도 일으켜 주실 하나님 아버지가 계시기에 우리는 소망의 사람이요, 잘될 사람이며 형통할 사람입니다.

장마철 하늘에 장대 같은 비가 내려도 항아리 뚜껑을 닫으면 한 점의 비도 들지 않는 것처럼 하나님의 은혜가 하늘로부터 충만하게 내려도 우리의 마음을 열어야 강물같이 채워질 줄 믿으시기를 바랍니다.

본문은

초대교회 사도들의 핍박과 고난 중에 요한의 동생 야고보는 이미 헤롯의 손에 순교하였고 죽음의 공포 분위기가 가득한 시절에 드디어 베드로도 잡혀 이제 순교의 날을 기다려야 하는 위급한 시간이 다가오니 교회는 모두가 모여서 하나님께 기도회를 열었다는 말씀입니다.

여러분은 순종이 제사보다 낫다는 말씀을 알고 믿습니다.

여러분은 먼저 나서서 하나님의 사역에 충성합니다.

여러분은 자신의 사명이 무엇인지를 알고 자신의 은사를 알고 자신의 직분을 알고 있는 하나님의 사람입니다.

여러분은 교회에서나 가정에서나 자신에서나 지금 무엇을 하여야 할 것 알고 최선을 다하려고 몸부림치는 사람입니다.

우리는 내가 맡은 일에 사명 다하지 못하면 억지로라도 하나님은 나를 사명의 자리로 나가게 하심을 우리는 알고 우리가 먼저 나가 사명 감당할 사람입니다.

여러분은 비록 삶의 고난과 실패가 다가와도 그것 때문에 절망하고 낙심하지 않는 것은 그것 때문에 하나님께 나가 기도하게 하시고 그것으로 인하여서 합력하여 선이 되게 하시는 하나님을 찬양합니다.

여러분은 억울한 일을 당하여도 고난과 고통 속에서도 두려워하지도 않습니다.

문제의 해결자가 되시는 하나님이 우리 곁에 계시기에 우리로 하여금 더 잘되게 하여 주시는 하나님을 우리는 믿습니다.

오늘부터 병들어도 걱정하지 말아요.

여러분은 부도나고 실패하여도 낙심치 않고 좋은 것을 주시는 하나님께 나가 부르짖을 사람이잖아요.

질병과 고난과 남편의 무능과 아내의 아픔이 있다 하여도 하나님은 우리에게 이 일로 인하여 더 좋은 것을 주시려는 전능하신 하나님의 뜻임을 알고 우리는 기도하러 나가잖아요.

우리는 반드시 이길 사람입니다.

우리는 반드시 일어나 하나님의 능력을 가져올 사람입니다.

■ **따라서** 해요.

"아직도 나는 좋은 일이 더 많이 남아 있는 잘될 사람입니다."
아멘

22 | 죽기 전날에 천사가 와서

(행12:6−7)

 예수님은 생명의 떡입니다.

이 생명은 장차 죽음에서 지옥에서 멸망에서 건짐 받고 영생을 누릴 권세를 주실 수 있는 능력의 떡입니다.

에덴동산에서 생명의 과일을 범죄 한 아담에게 먹지 못하게 추방하셨지만 다시 이 땅에 죄인들이 사는 세상을 하나님은 사랑하셔서 에덴동산 생명의 그 떡이 친히 세상에 오셔서 죽어야 할 영혼들이 그 떡을 먹기만 하면 생명을 얻고 영생을 얻을 자격을 주신 이가 예수님의 생명의 떡입니다.

예수님은 길입니다.

험한 세상에 항해하는 배와 같은 인생들의 이정표입니다.

지옥의 형벌에서 피할 수 있는 길이 예수님의 가신 길입니다.

멸망과 지옥의 형벌에서 면할 수 있는 길은 오직 예수님을 믿고 예수님을 따라가는 그 길 외에는 아무 길도 없습니다.

예수님은 진리입니다.

진리는 영원토록 변함이 없습니다.

예수님의 입에서 나온 말씀이 변함이 없기에 어제나 오늘이나 영원토록 예수님은 진리이시며 우리의 심판주이십니다.

본문은

사도 베드로가 군사 넷씩 네 패에게 잡혀서 내일이면 죽음을 당할 시간이었지만 하나님은 바로 전날에 천사를 보내셔서 구출하고 승리하게 하였다는 말씀입니다.

여러분은 오늘 새벽 성전으로 가서서 부르짖었잖아요.

어쩌면 내일만 되면 문제가 어두움이 실패가 질병이 다가올 시간이기에 오늘 성전으로 인도하셨고, 오늘 사명 감당하게 하셨고, 오늘 직분에 충성하게 하셔서 나로 하여금 깨어나게 하신 이는 하나님이십니다.

여러분은 오늘 일어나지 않았다면 내일은 사고가 나고 문제가 다가올 수도 있었을 겁니다.

그러므로 여러분은 복이 있고, 여러분은 하나님의 사람입니다.

여러분은 하나님의 사랑을 받을 자격이 있고, 하나님의 은혜를 누릴 자격이 있으면 성령은 우리를 위하여 간구하십니다.

도울 자를 도우고 일으킬 자를 일으키시고 능력 줄 자에게 능력을 주셔서 우리로 하여금 하나님의 사역을 감당하게 하십니다.

비록 지금은 주님을 멀리 떠났다 하여도 내일은 여러분은 주님께 돌아올 사람입니다.

주님은 아십니다.

우리의 앞날을 아시기에 위험 앞에서 사고 앞에서 피할 길을 주셔서 우리로 하여금 세상에서 이기게 하시는 예수님을 우리는 진심으로 찬양합니다.

따라서 해요.

> "나는 세상의 유혹을 십자가에 못 박고 예수님만 증거할 사람입니다."
> 아멘

23 | 도우는 천사는 있다

(행12:8-11)

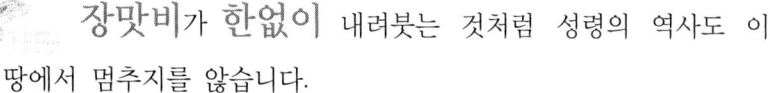 **장맛비가 한없이** 내려붓는 것처럼 성령의 역사도 이 땅에서 멈추지를 않습니다.

오순절 성령이 임하실 때 바람같이 불같은 성령의 증거가 보일 때에 그것은 하나님이 부리는 영인 천사들을 사용하신 것이라고 히브리서 기자는 밝히고 있습니다.

천사들은 하나님이 사용하시는 부리는 영으로서 구원을 얻은 후사들을 위하여서 섬기라고 보낸 영들입니다.

본문은

옥중에 갇혀 있던 베드로를 위하여 교회는 날마다 마가라 하는 집에 모여서 기도회를 열었고 하나님은 기도에 응답하셔서 베드로를 도울 천사를 보내셔서 잠겨 있는 옥문 두 번째까지 옥 쇠를 열고 자유케 하셨다는 말씀입니다.

여러분은 성령의 사람입니다.

우리는 기도하고 구한 것은 이룰 줄 믿고 응답받을 줄 믿고 의심하지 않는 것은 하나님은 우리의 기도를 들으시고 도울 천군 천사를 섬기는 영을 보내셔서 우리를 도우시는 것입니다.

여러분은 문제가 생기고 낙심과 절망의 자리에서도 담대하게 주님을 부르고 환란 날에도 두려워하지 않고 무릎 꿇고 하나님을 향하여 손을 높이 들고 고함치는 것은 하나님이 우리를 위하여 도우는 영을 보내셔서 우리의 기도가 하나님께 상달되게 하시는 능력이 있기에 우리는 담대합니다.

여러분은 이미 승리할 사람입니다.

비록 가는 길은 힘들고 넘어지고 엎드려지고 절망한다 하여도 우리는 최후에는 우리가 세상을 이기고 우리가 세상을 버리는 것입니다.

여러분은 지금 세상에 메여서 세상이 원하는 것을 따라 일할 때가 있지만, 장차 우리는 세상을 버리고 세상은 사단에게 맡기고 우리는 새 예루살렘으로 승리의 노래를 부르고 달려갈 것입니다.

비록 지금은 병들고 답답하여 어두움에 빠졌다 하여도 여러분 안에는 성령이 계시잖아요.

성령의 다스림을 받는 천군천사는 여러분의 기도를 듣고 하나님은 여러분을 지금의 구렁텅이에서 일으키실 것이고 지금의 고난에서 눈물과 한숨 속에서도 결코 후회하지 않고 여러분을 일으키실 것입니다.

두려워하지 말아요.

세상이 그 어떤 사람을 통하여서 공갈과 협박을 보낸다 하여도 염려하지 말아요.

하늘에 천군천사는 여러분을 도우시려고 하나님의 명령만 기다리고 있는 것입니다.

배우지 못하였고 남들처럼 가진 것 없어도 마음 약해지지 말아요.

하나님은 우리의 기도를 들으시고 부르짖는 우리의 작은 신음소리까지도 들으시고, 천사를 보내셔서 인간의 힘으로 할 수 없는 것을 주님은 이루시고 원수의 목전에서도 우리에게 푸짐한 상급을 준비하셨고 우리를 주님은 사랑합니다.

내 평생 여호와 집에 거할 사람이며 내 평생 시냇가에 심은 나무 되어서 가뭄이 와도 이제는 두려워하지를 않습니다.

질병의 환란이 실패의 고난의 바람이 불어와도 기어코 이겨 지금 나를 멸시하고 조롱하는 저들에게 하나님의 권능을 보여 주리라.

따라서 해요.

> "나는 결코 세상에서 패배할 사람이 아닙니다."
> 아멘

24

기도는 문제 해결의 열쇠

(행12:12)

누구든지 그리스도의 영이 없으면 그리스도인이 아닙니다.

그리스도인은 성령으로 살아가는 성령의 사람입니다

성령은 우리 영혼을 거듭나게 하시고 우리 영혼에 성전 삼고 성령으로 예수님을 닮아가게 하시는 하나님이십니다.

성령은 예수님의 행하신 모든 것을 우리에게 나타내어서 구원이 이루어지게 하시고, 세상 살아갈 때에 예수님의 성품을 닮아가게 하심은 입에는 예수님을 찬양하게 하고 행동하는 것도 모두가 하나님의 능력을 나타나게 하셔서 오직 하나님만 영화롭게 하시는 능력의 하나님이십니다.

병든 곳에 예수 이름 믿고 손을 얹어 보세요.

예수님이 채찍에 맞을 때 이미 여러분은 나았고, 찔리시고, 상하실 때에 우리의 죄는 이미 다 용서받았습니다.

예수님은 우리의 모든 약한과 모든 병을 이미 짊어지시고 담당하셨습니다.

이 진리를 믿는 자에게 성령이 오셔서 일하십니다.

본문은

마가라 하는 어머니 마리아 집에 자유함을 얻은 베드로가 찾아가 보니 온 교회가 모여서 기도회를 열고 있었습니다.

교회의 기도가 있었기에 성령은 천사를 베드로의 감옥에 보내었고 베드로는 자유함을 얻은 것입니다.

여러분은 하나님을 사랑합니다.

여러분 안에는 성령님이 계시기에 문제 앞에서 포기하지 않습니다.

하나님께 부르짖고 기도하고 간구하는 우리의 기도를 하나님은 들으시고 우리에게 찾아오십니다.

오늘 답답하고 낙심하고 절망에 빠졌다 하여도 우리는 결코 뒤로 물러갈 사람 아니잖아요.

여러분은 교회의 문제가 나의 잘못으로 알고 가정의 남편이나 자녀의 갈 길에 장애가 다가왔다 하여도 우리에게 문제를 찾고 우리가 하나님께 엎드리면 하나님은 우리의 기도를 외면치 않으시고 하늘의 능력으로 우리에게 들고 오셔서 우리의 기도를 들으시고 응답하십니다.

여러분은 최후에는 잘될 사람입니다.

오늘의 아픔이나 눈물이나 한숨이나 슬픔 앞에서 절망하지 말아요.

지금의 실패와 고난에서도 두려워하지 말아요.

문제는 나에게 있음을 고백하고 남편을 위하여, 자녀를 위하여, 하늘에 하나님을 향하여 부르짖고 기도하면 하나님은 누가 뭐라고 하여도 우리 편이십니다.

천만인이 나를 둘러 진 칠지라도 스룹바벨 앞에 큰 산이 평지가 되어 버리는 것처럼, 우리의 기도가 우리 앞에 놓인 문제를 흩어 버리고, 사라지게 하고, 멸망시키는 나의 아버지 하나님을 두 손 들고 찬양합니다.

잘될 줄 믿으시기를 바랍니다.

지금의 부도의 자리에서도 반드시 다시 일어나게 하시는 하나님은 바로 성령 하나님이십니다.

이제부터는 엎드리십시다. 환란 날에 기다리시는 하나님께 나가 무거운 짐을 맡기고 오늘부터 무릎 꿇고 부르짖으며 크고 비밀한 일을 알게 하시고 하나님을 사랑하게 하시는 하나님을 찬양합니다.

따라서 해요.

> "나는 문제 앞에서 포기하지 않고 부르짖고 기도할 사람입니다."
> 아멘

25

기도하고 믿어라

(행12:13 – 16)

육체를 위하여 심는 자는 육체로부터 썩어진 것을 거두지만, 성령으로 심는 자는 영생을 거두어들입니다.

육신을 위하여 사는 자는 하나님을 기쁘게 할 수도 없고 하나님의 성령의 법에 굴복할 수도 없고 하나님과 원수가 되는 것입니다.

사람이 무엇으로 심으면 그대로 거둘 것이며 예수 이름을 심으면 예수이름의 표적을 거두고 기도하는 입술에는 하나님의 영권이 선포되고 받은 자만이 알 수 있는 하늘에 비밀을 알고 하늘에 권능을 가져오는 사람입니다.

하나님은 사람을 사랑하십니다.

하나님은 하나님의 뜻을 이 땅에 나타내시려고 하십니다.

기도하는 자를 통하여서 영적 체험을 한 자만이 알 수 있는 하늘에 능력을 삶에 보여 주는 것입니다.

하나님은 예수님 이름을 우리에게 주셨습니다.

예수 이름으로 구하며 무엇이든지 하나님은 주실 수가 있고, 그를 위하여서 우리에게 예수 이름을 남기고 가셨습니다.

하나님은 구하고 기도한 것을 이룰 줄 믿고 사는 자에게 더러운 귀신이 떠나가게 하셨고 병든 자에게 손을 얹으면 낫게 하셨습니다.

본문은

옥에 갇힌 베드로를 위하여 교회가 기도회를 열고 살려 달라고 부르짖었지만 베드로가 살아서 나올 줄은 믿지 않았다는 말씀입니다.

여러분은 기도하고 부르짖은 것은 받은 줄로 믿잖아요.

그들 앞에 베드로가 살아서 나온 것 보고 믿지 않았던 모습은 기도하는 것과 믿는 것은 차이가 났던 말씀입니다.

우리는 성령으로 승리할 사람입니다.

우리는 그 어떤 기도라도 기도하고 믿는 믿음이 우리에게는 있습니다.

하나님은 우리의 작은 신음소리까지 귀 기울여 들으시기에 산 같은 문제라도 '산아 들리어 바다에 던져라'고 말하고 그 말이 이룰 줄 믿으면 그대로 된다는 말씀도 이미 알고 우리는 오늘 아침도 주님 전에서 기도하고 믿었습니다.

여러분은 질병의 문제가 사업의 문제가 가득하고 자녀의 앞날에 먹구름이 가득하여도 우리는 전능하신 하나님 앞에 하나님을 의지하고 부르짖고 하나님의 도우심을 기다리는 성령의 사람입니다.

우리는 반드시 지금의 고난에서 포기하지 않고 전능하신 나의 하나님이 우리 편이시기에 우리는 지금의 고통에서 이겨 나갈 것이며, 우리는 우리가 섬기는 하나님의 능력을 믿고 의지하고 바라보는 믿음은 우리의 재산으로 삼고 살아갑니다.

비록 지금은 캄캄하고 답답하다 하여도 기도라는 무기가 우리에게 들려졌으니, 내일은 밝은 광명의 태양을 바라볼 수가 있을 겁니다.

지금의 고난이 결코 영원하지는 않기에 오늘 우리는 소망이 가득하고 오늘의 눈물이 내일은 기쁨으로 채우실 것이니 우리는 오늘 하나님께 감사로 제사를 드릴 수가 있습니다.

주여 도우소서.

예수 이름의 권세를 들고 담대하게 일어서서 부르짖으면, 앉은뱅이가 일어나고 암 병은 예수 이름으로 떠나라.

슬픔과 절망도 예수 이름으로 떠나라.

행복동산, 은혜마을의 모든 성도들에게 가로막는 사단의 손은 예수 이름으로 오늘 떠나라! 할렐루야…….

믿으시면 그대로 됩니다. 아멘…….

■ **따라서** 해요.

> "나는 세상에서 부자 될 사람입니다."
> 아멘

26

은혜를 시인하라

(행12:17-19)

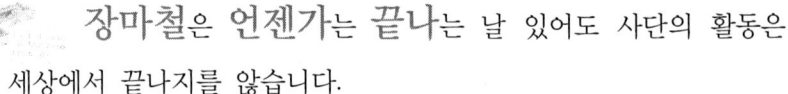

장마철은 언젠가는 끝나는 날 있어도 사단의 활동은 세상에서 끝나지를 않습니다.

예수님이 세상에 오심은 생명을 주고 풍성하게 하여도, 사단은 도적질하고 죽이고 멸망하러 왔습니다.

사단은 도적으로 세상에 쫓겨 왔기에 창세 이후로 우리에게 거짓말하고 도적질하고 죽이는 일을 지금도 계속합니다.

예수님은 사단이 임하지 못하게 깨어서 기도로 이기게 하시고 말씀을 우리에게 주셔서 사단의 행함을 멸할 믿음을 우리에게 주셨습니다.

예수님 없이는 우리는 세상을 이길 수 없고, 예수님 없이는 아무도 구원을 얻을 수도 없고 영생을 받을 수 없습니다.

오직 예수님만이 천국 가는 길이요, 예수님의 공로를 인정하고 예수님의 십자가 지심과 죽으심과 부활을 믿지 않고는 아무도 하나님을 볼 수도 없습니다.

예수님은 우리의 축복이요, 예수님은 우리의 소망이십니다.

예수님은 우리의 반석이시며, 예수님은 우리의 힘입니다.

본문은

그 예수님의 은혜와 사랑을 많은 사람들에게 간증하고 천사를 보내셔서 감옥에서 건져 주신 하나님의 능력을 다른 사람들에게도 널리 간증하라고 하는 베드로의 옥중 탈출을 간증하였다는 말씀입니다.

헤롯은 베드로의 감옥의 간수들을 심문하고 죽였고 세상은 세상의 자존심을 굽히지 않고 명예를 위하여 죄 없는 간수들을 죽였지만 예수님은 죽을 자도 살리셨습니다.

여러분은 하나님을 사랑하는 사람입니다.

여러분은 주님의 은혜를 기억하고 날마다 주님의 사랑을 많은 사람들에게 간증하고 예수님을 높이는 사람입니다.

예수님을 높이면 예수님은 우리를 높이고 예수님을 사랑하는 자를 사랑하심을 우리는 알고 있습니다.

여러분의 입술에는 예수의 자랑만 가득합니다.

허물과 죄를 사하여 주셨고, 십자가의 저주가 우리에게 아브라함의 복을 누리게 하셨다고 담대하게 말하고, 예수님의 채찍에 맞음으로 우리는 나음을 받았다고, 크게 들어내고 많은 사람들 앞에서 예수님을 시인하는 여러분은 먼 훗날에 예수님 앞에 설 때 예수님이 여러분을 시인하고 우리는 예수님의 자녀라는 칭호를 받고 영생 복락 누릴 형통할 사람입니다.

주님을 의지하시나요?

예수님은 우리의 작은 신음소리도 들으시고 '구하라 그러면 주실 것이요, 두드리는 자에게 열어 주시리라'는 주님의 약속은 우리에게 주심이요, 우리는 장차 형통할 사람이며 일평생 예수 사랑을 널리 널리 전할 증인이 여러분입니다.

여러분은 예수님의 형상 따라 지어졌고 예수님이 지명하여 여러분을 불러내었고 세상 끝 날까지 여러분과 함께하실 예수님을 만나는 사람마다 간증하고 교회를 자랑하고 목사님을 자랑하고 장로님을 자랑하고 싶어 함은 여러분은 예수님이 지키시고 고치시고 은혜 베푸심의 많은 체험을 담고 살아가는 사람이기에 그렇습니다.

여러분은 담대할 사람입니다.

여러분은 세상을 이기고, 세상을 정복하고 승리할 여러분!

■ **따**라서 해요.

> "나는 날마다 예수님을 닮아갈 사람입니다."
> 아멘

27

하나님께 영광을

(행12:17-19)

예수님은 포도나무요, 우리는 그의 가지입니다.

누구든지 예수님 의지하고 붙드시면 예수님과 함께 살아가며 예수님의 일이 믿는 자에게 나타나는 것을 표적이 따른다고 예수님은 말씀하십니다.

예수님 이름으로 귀신이 떠나가고 새 방언을 말하며 뱀을 집으며 병든 자에게 오늘 손을 얹는 사람마다 고칠 줄 믿습니다. 그러므로 예수님을 붙들고 나가는 자는 예수님의 하신 일을 저도 할 것이요, 그보다 더 큰일도 한다고 성경은 말씀하십니다.

그러므로 예수님과 떨어지는 자는 예수님의 도움의 축복권에서 멀어지고 끊어지고 말라집니다.

예수님은 사랑이십니다.

죄인들을 사랑하셨고, 십자가에 못 박는 무리들을 사랑하셨고, 오늘까지 예수님은 자신에게 오는 죄인들을 물리치지는 않습니다.

누구든지 예수님 믿는 자에게는 예수님 사랑받을 자격이 있습니다.

예수님은 알파요, 오메가요, 시작이요, 끝이신 예수님은 부활하셔서 승하셨지만, 예수님은 다시 재림의 마지막 심판주로 이 땅에 오십니다.

예수님의 십자가의 고난이 끝나고 부활의 영광으로 우리에게 나타난 것처럼 예수님은 우리에게 능력이시고 소망이 되시고 반석이시며 권능이십니다.

그러므로 누구든지 예수님께 영광을 드려야 합니다.

본문은

헤롯이 하나님께 영광을 돌리지 아니하는 고로 주의 사자가 곧 치니 충이 먹어 죽었다는 말씀입니다.

여러분은 살아온 날들 속에서 하나님께 수없이 많은 것을 받았고 누렸고 하나님이 주신 것을 하나님께 영광 돌립니다.

건강을 주셨으니 건강으로 이웃을 위하여 남을 위하여 봉사하고 헌신하는 여러분은 복이 있습니다.

생명을 구원받았으니 다른 이에게 예수 생명을 전하잖아요.

여러분은 받은 물질의 복을 자신에게만 부유한 자가 아니고 하나님께 영광을 돌리는 축복의 사람입니다.

여러분은 한 부자가 창고를 늘리고 자신을 위하여 그해 풍년의 농사 소출을 자신을 위하여 쌓아둔 그자를 예수님은 어리석은 자라고 하신 말씀을 알고 있습니다.

교회에 전도행사 때마다 봉사할 때마다 이 핑계 저 핑계 앞세워 빠질 자가 아닙니다.

여러분은 먼저 앞장서서 주님이 나에게 주신 모든 것은 하나도 나의 것은 없기에 우리는 모두를 들고 아골 골짜기까지 나서서 복음을 위하여 나서는 사명의 사람입니다.

여러분은 결코 사단의 질병에 실패에 멸망당할 사람이 아닙니다.

우리는 천지를 지으신 하나님이 나의 하나님이심을 알고 지금까지 잘못은 철저하게 회개하고 저 높은 곳을 향하여 힘차게 나갈 사람입니다.

우리는 다시 일어설 사람입니다.

우리는 다시 주님 바라보고, 지난날의 나의 잘못을 용서받고 깨닫고 삶의 방향을 바꾸고 남은 생애는 오직 모든 것은 주님의 것이기에 우리는 모든 것 들고 하나님께 영광을 드릴 준비가 된 사람입니다.

따라서 해요.

> "나는 세상 살아갈 가치가 있는 사람입니다."
> 아멘

28

흥왕의 비결

(행12:17-19)

성령이 오시면 권능이 임합니다. 성령은 하나님의 능력이요 권능이요 하나님의 영광이요 하나님의 뜻을 이 땅에 나타내시는 하나님이십니다.

성령으로 아니하고는 구원도 죄 사함도 응답도 받을 수 없습니다.

성령이 없으면 그리스도인이 될 수 없고, 성령이 없으면 거듭남도 있을 수가 없으니 성령을 부인하면 아무도 천국에 갈수가 없습니다.

성령은 예수님이 남기고 가신 하나님의 말씀을 기준 삼고 예수님의 말씀으로 행하시고 예수님의 이루어 놓으신 것을 가지고 예수님의 뜻을 나타내시는 하나님이십니다.

예수님의 약속을 믿는 믿음 주시고 더러운 귀신을 쫓아내고, 방언의 은사를 주시고 병든 자에게 손을 얹으면 낫게 하시고 간절하게 기도하면 하늘 문을 열게도 하시고 닫게도 하시고 성령의 능력을 인정하지 않으면 그는 구원받은 자가 아니라 하며 성령의 사용하시는 하나님의 말씀을 부인하면 성령의 능력은 나타나지 않습니다.

본문은

초대교회 부흥의 불길은 말씀에 흥왕에서 시작이 됨을 우리에게 알려 주시는 하나님의 말씀입니다.

여러분은 복 있는 사람입니다.

여러분은 날마다 살아 계신 하나님의 말씀을 묵상하고, 하나님의 말씀을 즐겨 듣고 생각하는 삶을 살아가는 우리가 형통할 복이 있습니다.

여러분은 시냇가에 심은 나무가 시절을 좇아 열매 맺고 잎사귀도 마르지 않고 그 행사가 다 형통할 사람이라고 성경이 약속하잖아요.

우리는 하나님의 그 약속을 믿고 하나님의 말씀을 믿고 하나님의 권세를 믿고 하나님의 권능을 믿는 우리는 바로 하나님의 약속이 있기에 안심할 수가 있습니다.

하나님의 약속을 듣기 위하여 성전으로 달려갔고 하나님의 약속을 바라보고 그 약속이 우리의 건강이 되고 그 약속이 우리의 기업이 되고, 하나님의 말씀이 앉은뱅이를 일으키고 하나님의 약속은 가는 길에 사단의 손을 막아 주기에 우리가 하나님의 약속을 붙드는 이유는 성령님은 오직 하나님의 약속을 가지고 이 땅에 하나님의 권능을 행하기에 하나님의 말씀을 마음에 흥왕하게 안고 나가면 우리의 삶도 내일은 일어날 사람입니다.

오늘의 조그만 실패와 문제와 아픔이 있다 하여도 우리는 그 아픔이 영원하지는 않잖아요.

비록 한순간은 넘어짐에서 절망에서 어두움에서 빠져도 내일 우리는 하나님의 약속 바라보고 다시 일어설 사람이 바로 오늘 아침 이 글을 읽는 자가 아닙니까?

두려워하지 말아요.

걱정하지 말아요. 우리가 예수님의 말씀을 품고 나가기만 하면 우리는 반드시 일어설 날이 다가올 사람입니다.

지금은 가진 것 없고 부족하고 못난 것 밖에 없고 세상이 우리를 비난하고 수군거려도 낙심하지 말아요.

그들이 우리를 손가락질하고 우리를 보고 비웃을지라도 마음에 슬퍼하지 말아요. 우리와 함께하시는 하나님은 계시잖아요.

누가 우리를 보고 뭐라고 할지라도 하나님의 말씀 붙들고 성령님 바라보는 여러분은 이제 곧 일어날 사람이며 원수의 목전에서 상을 받고 도리어 그들 앞에서 확실한 증거를 들고 푸른 초장이 기다리고 있는 사람이기에 우리는 그들에게 담대하게 외칠 수가 있습니다.

따라서 해요.

"나는 반드시 다시 일어나 성공할 사람이라고요.."
라고 외치고 승리할 사람입니다.

29 불러 시킬 일이 있는 사람

(행12:17-19)

여인이 **자식**을 **잊는**다 하여도 하나님은 우리를 잊지 못하시고 우리 이름을 손바닥에 새기셨습니다.

우리의 영혼이 지옥의 형벌에서 영원토록 버려둘 수 없어서 하나님 자신이 하늘에서 내려 오셔서 육신을 입고 육체가 지은 죄를 예수님 자신이 자신의 육체로 피를 흘리시고 처참하게 죽으실 때 우리에게는 죄로 인하여 저주받을 우리 영혼이 죄 사함 받고 용서 받고 영생을 얻었습니다.

예수님이 징계를 받았기에 우리에게는 자유를 선물하셨고 예수님이 채찍에 맞아 고통당하시고 고난당하실 때 온몸이 아파서 신음하고 견딜 수가 없을 때 우리는 육체의 질병에서 나음을 입었던 것입니다.

예수님은 오직 우리의 약함과 질병과 저주 때문에 자신이 세상에 오셨습니다. 예수님 자신을 위하여서는 이 땅에 성령으로 잉태될 아무 이유가 없었습니다. 예수님은 하나님과 하나님이십니다.

예수님은 죄가 없으시고 예수님은 천지를 창조하실 때 그곳에 함께 계셨고 예수님 없이는 하나도 만들어진 것이 없습니다.

예수님은 우리의 아버지이시고 우리의 구원의 주님이시고 우리의 능력이시며 우리의 반석이시고 우리의 요새입니다.

예수님은 우리를 잊지 못하고 예수님의 일을 부족한 우리를 불러서 예수님의 하실 일을 하게 하셨습니다.

본문은

안디옥 교회 선지자와 교사들 중에 분봉왕 헤롯왕 바로 친동생의 이름도 거론되며 그중에 하나님이 하실 일을 진행하시기 위하여 성령님이 바나바와 사울을 따로 불러 금식을 시켰다는 말씀입니다.

여러분은 하나님의 일할 사람입니다.

우리는 어디를 가든지 예수님을 위하여 일하기를 바라고 예수님이 나를 위하여 죽으시고 십자가에 못 박혔기에 우리는 사나 죽으나 예수님의 것이며 살아도 예수 위하여 죽어도 예수 위하여 죽기로 결심한 여러분은 하나님의 자녀이기에 복이 있습니다.

여러분은 영생을 얻은 사람입니다.

우리는 영원토록 천국에서 영생 복락 누릴 하나님의 사람 하나님을 위하여 순교할 사람입니다.

여러분은 하나님이 불러 시킬 일이 있기에 여러분은 축복의 사람입니다.

우리는 세상에 소금이요, 세상의 빛입니다.

우리는 어디를 가든지 예수를 증거 할 것이며 예수님의 향기 되어서, 여러분이 알고 있는 모든 사람을 예수 구원, 예수 복을 받게 하려고 몸부림치는 여러분은 복이 있습니다.

비록 지금은 주님을 떠났다 하여도 여러분은 성령이 계신 하나님의 자녀이기에 여러분은 주님을 잊어도 예수님은 여러분을 잊지를 못합니다.

여러분은 다시 하나님께로 돌아갈 예수님의 자녀입니다.

우리는 결코 뒤로 물러가 침륜에 빠질 자가 아닙니다.

우리는 반드시 세상에서 예수를 높이고 예수를 위하여 땀 흘릴 사람이기에 우리는 예수의 복을 받을 사람입니다.

따라서 해요.

> "나는 세상에 등불 같은 사람입니다."
> 아멘

30

말씀을 들으려는 사람

(행13:4-7)

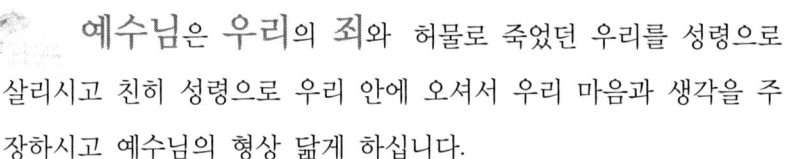

　　예수님은 우리의 죄와 허물로 죽었던 우리를 성령으로 살리시고 친히 성령으로 우리 안에 오셔서 우리 마음과 생각을 주장하시고 예수님의 형상 닮게 하십니다.

　예수님은 우리의 육체로 지은 죄를 육체로 갚았고 마음으로 지은 죄도 그의 흘리신 보혈로 깨끗하게 하시고 오늘도 우리를 성령으로 새롭게 하셨습니다.

　예수님은 죽을 자도 살리시고 없는 것도 있게 하시며 약한 자를 강하게 하시고 가난하자 부하게 하시는 하나님의 능력을 우리에게 주셨습니다.

　예수님은 우리에게 말씀을 주셨고 예수님은 우리에게 예수님의 이름을 주셨고 그 이름으로 무엇이든지 구하면 예수님은 다 시행하시기를 우리에게 약속 하셨습니다.

본문은

바울의 선교 길에 만난 총독 서기오가 실라와 바울을 불러 하나님의 말씀을 들으려고 하였다는 말씀입니다.

성경에 이스라엘 나라 지명이 거론되고 총독 이야기가 기록됨은 성경은 분명하며 다른 약속도 일점일획도 틀림이 없다는 것을 우리에게 증명하는 말씀입니다. 여러분은 하나님의 약속을 믿습니다.

영생을 믿고 부활을 믿고 다시 오실 예수님을 기다림도 병 고침을 위해 간구하는 것도 예수님의 약속을 믿기에 엎드리는 것입니다.

예수님의 그 약속이 우리에게 능력이 되고 기업이 되고 축복이 되는 것입니다.

예수님의 약속은 예수님 그 자체이기에 약속을 믿으면 바로 예수님의 능력이 그대로 베어 나는 것입니다.

그래서 믿는 자에게는 이런 표적이 따르고, 믿는 자에게는 예수님의 하신 일이 나타난다고 하셨습니다.

오늘 질병이 여러분의 육체에서 떠날 것입니다.

이 시간 여러분의 가정에 장막 문제, 자녀 문제, 사업문제가 약속을 믿는 자마다 가는 길이 열리고 형통할 것이며, 도움의 손길을 보내셔서 다시 회복의 증거가 나타날 것입니다.

두고 보십시오.

약속을 믿고 구하는 자마다 창대함이 가득할 것이며, 예수님의 말씀을 품고 기도한 사람들은 오늘 아침 응답의 증거가 보일 것입니다.

염려하지 말아요.

오늘부터 걱정하지 말아요.

누가 우리를 보고 비웃고 누가 우리를 보고 멸시하나요.

할 수 있거든 이 무슨 말이냐 믿는 자에게는 능치 못함이 없다고 예수님의 약속을 주셨으니 우리는 복 있습니다.

우리는 세상을 이길 것입니다.

세상이 우리에게 저주를 주고 죄악이 찾아오고 욕심과 탐심이 가득하여서 예수를 멀어지게 하여도 우리는 다시 일어설 겁니다.

물질이 우리를 어둡게 하고, 유혹이 우리를 넘어지게 하여도, 우리는 다시 일어설 능력이 있음은 우리에게는 예수님의 능력이신 예수님의 약속이 있잖아요.

지금의 병든 몸 보고, 오늘의 실패를 보고, 어제의 문제를 보고, 낙심하지 말아요. 절망하지 말아요.

우리는 예수님의 약속 때문에 꺼꾸러뜨림을 당하여도 망할 사람 아닙니다.

캄캄한 절망의 무덤은 사흘뿐이었잖아요.

예수님이 절망의 무덤 안에 빛을 비추셨잖아요.

오늘 우리는 잘될 사람입니다.

오늘 우리는 일어설 사람입니다.

따라서 해요.

> "나는 세상에 소망을 주는 사람입니다."
> 아멘

31

사단은 곁에 있다

(행13:7-8)

흔히들 우리는 세상을 살기가 싫다 또는 좋다는 말은 합니다만 아무리 살기가 어렵고 힘들어도 예수님 사망의 절망의 무덤 같은 시간은 사흘이잖아요.

하나님은 믿음의 사람들에게 표적을 따르게 하였고 성령을 우리에게 주셔서 은사를 주셨고 우리를 유익하게 하시기 위하여 영권을 주셨고 우리를 이처럼 사랑하사 독생자를 주셨으면 우리의 죄 값을 위하여서 대못에 찔리시고 채찍에 맞은 것은 우리의 질병을 위함인 것을 믿어지면 아멘……

지금의 고난이 아무리 길어도 영적 사흘일겁니다.

하나님은 시험당할 즈음에 우리에게 피할 길을 주셨고 약한 자 불러서 강한 자 부끄럽게 하셨으며 가난한 나를 불러서 부하게 하셨잖아요.

오늘 아침 두 팔 높이 들고 동행하신 예수님을 찬양합니다.

보혜사 성령을 주신 하나님을 사랑합니다. 십자가 지시고 무거운 짐 다 담당하시고, 세상 끝 날까지 우리 주님이 되시는 예수님을 마음껏 감사합니다.

할렐루야…….

본문은

서기오 바울 총독에게 하나님의 말씀을 전하려고 찾아간 바울을 방해하고 핍박하는 박수무당 엘루마의 이야기입니다.

총독으로 믿지 못하게 힘쓰는 사단의 앞잡이 엘루마는 우리 곁에도 얼마든지 복병으로 숨어 있습니다.

여러분은 이미 오래전부터 알고 있습니다.

신앙을 방해하는 사단은 멀리 있지 아니하고 바로 집 안에 있다는 것을 알기에 우리는 부르짖어 기도합니다. 남편을 위하여 간구합니다.

부모와 자녀들의 강퍅한 마음에 예수의 복음이 심어지기를 소원하고 기도합니다.

예수님은 우리 곁에 계시고, 예수님은 우리를 동행하시고, 예수님은 우리의 무거운 짐을 가볍게 하여 주시고, 예수님은 우리 질병을 고쳐 주시고, 예수님은 우리의 죄를 용서하셨고, 이 땅에 구원을 다 이루시고 오늘 우리를 축복하십니다.

예수님은 우리의 형편을 다 아시고 우리의 생각을 다 아십니다.

예수님은 예수님께로 다가오는 자를 어떤 사람도 쫓아내지 않습니다.

예수님은 누구든지 회개하고 예수님께로 돌아오기만 하면 예수님은 반겨 주시고 송아지 잡아 잔치 벌리시고 새 신발 준비하고 새

옷 준비하셔서 문 열고 기다리십니다.

예수님은 우리의 고통과 고난을 알고 계십니다.

예수님은 우리 집 안에 원수가 있고 가장 힘들게 하는 것이 무엇이며, 우리의 눈에 눈물 흘리게 하는 것이 무엇인지를 다 알고 우리의 신음소리도 알고 계십니다.

예수님은 지나간 실패를 가슴에 안고 있기를 원치 않습니다.

예수님은 아침마다 주님 앞에 나와 부르짖기를 원하시고, 예수님은 우리의 기도를 들으시기를 기다리고 계십니다.

예수님은 지금의 고난에 붙들어 멈추기를 원하지 않습니다.

예수 이름으로 자유함을 얻기를 원하십니다.

예수 이름으로 담대하게 떠나라고 고함치기를 원하십니다.

예수님은 결코 우리가 세상에 빠지기를 원치 않습니다.

예수님은 우리에게 힘을 주시고, 복을 주시는 근원이 되십니다.

예수님은 뱀과 전갈을 밟을 수 있는 권세를 주셨습니다.

예수님은 왕의 그 이름으로 명령할 권리를 주셨습니다.

예수님은 우리에게 악한 자가 손대지 못하게 지키십니다.

저 세상이 사악하고 우리 곁에 집 안에 머문다 하여도 우리에게는 예수 이름의 권세가 있잖아요.

따라서 해요.

> "나는 아무리 생각하고 또 생각해도 복 있는 사람입니다."
> 아멘

32

담대하게 명령하라

(행13:9-11)

하나님을 사랑하는 자에게는 모든 것이 합력하여 선을 이루게 하시는 하나님을 찬양합니다.

천지를 창조하신 하나님은 찬양을 받기에 합당하시며, 생사화복을 주관하시기에 인생들은 주님을 바라보고 영광을 돌려야 마땅합니다.

하나님은 우리에게 예수님의 말씀을 주셨고, 예수님의 이름을 우리에게 주셨습니다.

우리에게 주신 예수 이름은 실제로 육신을 입고, 고난을 당하시고 몸소 체험을 하셨고 인간의 저주를 당하시고 나무에 달리셨고 저주 아래 붙잡히시고 채찍에 맞으시고 상하시고 찔리시고 죽으심은 우리의 구주가 되셨으며, 머리 둘 곳 없이 가난하게 사셨고 가시는 곳마다 멸시받고 천시당하고 피 흘리셨고 살 찢으셨으니 우리는 오직 그 예수 이름으로 구원받을 수 있으며 예수 이름으로 병고칠 수 있으며 예수 이름으로 저주를 물리칠 수 있고 예수 이름으로 기도하고 예수 이름으로 응답받을 수 있음을 믿으시기를 바랍니다.

본문은

복음을 전하려는 바울을 대적하고 서기오 바울 총독을 믿지 못하게 힘을 쓰던 박수 엘루마에게 바울의 담대한 명령이 예수 이름으로 성령 충만하여 외칠 때에 그대로 되었다는 말씀입니다.

사단은 예수 이름 앞에는 혼비백산하여 떠나고 패망을 이루고 더러운 귀신은 예수 이름 앞에서는 도망을 가게 된다는 능력의 말씀입니다.

예수 이름을 우리에게 주신 것은 사단을 향하여 경배하라고 주신 것 아닙니다.

살아나신 예수 이름은 사단을 심판하였고 사망의 권세를 깨트렸고 어둠을 밝히고 저주를 청산하셨고 구원을 주셨으니 우리는 담대하게 사단을 향하여 고함을 치고 명령을 할 권세를 주었습니다.

그렇게도 대적하고 믿지 못하게 힘을 쓰던 엘루마가 소경이 된 시점은 바로 바울이 담대하게 명령할 때 아닙니까?

여러분은 담대하게 예수 이름으로 '문제의 산아 바다에 던져라'고 크게 명령하고 왔잖아요. 새벽 성전에서요.

여러분은 은과 금은 없어도 예수 이름은 소유하고 있잖아요. 맞나요…….

우리는 남들보다 못생겼다 하여도 예수 이름만은 아름답고, 예수 이름만은 우리에게는 소망입니다.

지금은 가난하고, 궁핍하고, 어려워도 우리는 그 가난에 영원히 메일 사람이 아닙니다.

여러분은 살다 보면 사단에 질병에 고난에 메일 수도 있습니다.

그러나 여러분은 우리에게 주신 나사렛 예수 이름으로 담대하게 명령하고 부르짖고 일어나 고칠 사람입니다.

여러분은 지금은 실패하고 눈물에 밥을 먹고 이곳까지 찾아왔을지라도 이제부터 잘못은 회개하고 돌이키고 사명 감당하고 충성하고 이제부터라도 주님만 바라보면 여러분은 이제 슬픔은 사라질 것이며, 밝고 푸른 광명의 예수님의 빛이 우리에게 찾아오셔서 우리의 삶이 풍성하게 부풀어 오를 축복의 사람입니다.

따라서 해요.

"나는 사단을 대적하고 명령할 믿음을 가진 사람입니다."
아멘

33 | 된 것이 있어야 예수 믿는다

(행13:12)

 예수님은 인생의 길이요, 진리요, 생명입니다.

죄 사함 받는 길이요, 천국 가는 생명이요, 영생을 얻을 진리입니다.

예수님은 빛으로 오셨기에 예수님이 있는 곳에는 빛이 있고, 빛이 있는 곳에는 어두움이 사라집니다.

질병의 어두움이 사라지는 것은, 예수님의 빛에 어두움의 세상 주관자라 하여도 떠나야 하고 더러운 귀신들도 미혹의 영들도 예수 앞에서는 떠나가야 하는 것은 예수는 하나님이시며 능력이시며 왕이시며 주관자이시기에 그렇습니다.

예수님은 세상 끝 날까지 우리와 항상 함께하십니다.

고난의 언덕길 올라갈 때도 우리는 영의 눈이 어두워서 마치 혼자 그 길을 가는 것 같지만 예수님은 우리를 떠나지 않았습니다.

예수님이 우리 안에 계시고 이제는 우리가 사는 것이 아니고 우리 안에 예수님이 계십니다.

예수님이 계신 곳에서는 예수님의 표적이 보이고, 예수님 하시는 일이 나타나기에 예수님은 우리를 통하여 보이시고, 우리를 통하여 예수님의 하실 일을 하십니다.

본문은

서기오 총독이 예수를 믿게 된 이유는 예수 이름의 표적이 나타났을 때 예수를 믿었다는 말씀입니다.

바울의 입술에 명령 한마디에 박수 엘루마가 소경이 되어 인도자를 찾는 모습을 보고 바울의 명성을 인정하고 가르침을 따랐습니다.

여러분은 예수님의 십자가를 믿고 예수님의 부활을 믿고 예수님의 능력을 믿습니다.

예수님의 권세를 믿고 예수님의 사랑을 믿고 예수님의 진리를 믿습니다.

여러분은 예수님의 표적을 나타낼 권세가 있고 예수님 하신 일을 여러분도 할 수 있는 것은 믿는 자에게 주어진 예수님의 약속이 있기에 그렇습니다.

예수님을 바라보고 예수님을 사랑하시는 여러분에게는 예수님의 이름의 표적이 나타나고 된 일이 보일 때 여러분을 보고 예수 믿을 마음이 생기는 것입니다.

여러분은 예수님을 소유하고 살아가기에 어디를 가든지 예수님을 증거하고, 예수님을 말하면 예수님의 권세가 믿음을 통하여서 보일 것이며, 그 된 일을 보고 사람들은 예수를 믿을 마음이 가득 차게 되는 것입니다.

여러분들을 보는 사람들이 예수를 믿고 싶어 하는 것은 여러분들 인에 변화된 증거가 있기에 그렇습니다.

사람들은 된 일이 있어야 느끼게 되고 외모를 보고 판단하는, 예수 믿는 그들에게 오늘도 된 일이 보이게 살아가는 여러분은 복이 있습니다.

여러분은 어디를 가든지 예수의 흔적을 나타낼 사람이니 예수님은 여러분을 책임지실 것이며 예수님은 여러분을 높여 주실 것이며 예수님은 여러분을 사랑합니다.

예수님의 흔적이 보이고 예수님의 사랑이 담겨 있는 여러분은 예수님의 약속을 믿을 때마다, 예수님의 향기 되어서 예수님의 하시는 일이 나타나기에 세상의 소금이요 빛이십니다.

주여 도우소서.

주여 내 평생 가는 길에 예수님의 하시는 일이 보이게 하소서

어디를 가든지 예수님과 동행하는 증거가 있게 하소서.

따라서 해요.

"나는 예수님이 책임져야 할 사람입니다."
아멘

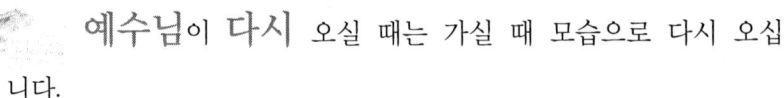

　　예수님이 다시 오실 때는 가실 때 모습으로 다시 오십니다.

　구름이 예수님을 둘러싸여 보이지 않았다고 성경은 말씀하시니 우리는 흔히들 구름 타고 오실 예수님을 기다리는 것입니다.

　처음 오신 예수님은 은혜와 구원을 들고 오셨습니다.

　예수님은 길이요, 진리요, 생명이라고 자신을 소개하시고 가시는 곳마다 죽어져 가는 사망에 앉은 자에게 빛을 비추시고 하늘나라를 전파하시고 가르치시고, 모든 약한 것과 모든 병을 고치셨습니다.

　예수님이 가시는 곳마다 병든 자가 일어나고 포로 된 자가 자유함을 얻었고 눌린 자가 자유함을 누릴 수 있었던 것은 예수님은 생명이시기에 그렇습니다.

　지금도 예수를 영접하고 믿는 자에게는 하나님의 자녀가 되는 권세를 주셨고 뱀과 전갈을 밟으며 원수의 모든 능력을 제어할 권세를 주셨으니 예수를 믿는 자들은 누구나 사단을 대적할 전신 갑

주를 입으셨고 세상에서 패배하지 않고 이길 수 있도록 예수님은 우리의 일거일동을 지켜주시고 지팡이와 막대기가 되셔서 예수 이름으로 엎드리는 사람은 누구나 성령 받고 누구나 성령의 능력을 행할 권세가 머물고 있기에 누구나 계속하여 예수님의 말씀을 듣고 예수님을 바라보아야 하는 것입니다.

본문은

유대인의 회당이라는 곳에서 안식일 날 율법을 들었다는 본문의 말씀은 지금의 성전에서 복음의 말씀이 들린다는 하나님의 말씀입니다.

여러분은 예수님의 말씀을 믿습니다.

심는 대로 거둔다는 말씀도 믿고 예수 이름으로 사랑을 심고 복음을 심고 헌신을 충성을 예수 이름으로 심는 사람입니다.

여러분은 성전을 사모하고 성전에서 예수님의 말씀을 듣고 성전의 처소를 중심하여 살아가는 성전 중심의 사람입니다.

무거운 짐 들고 성전으로 찾아가는 사람이요.

기도 제목 들고 새벽마다 성전으로 달려가는 성전의 사람으로 성전에서 복을 받을 사람입니다.

제비도 성소에서 새끼를 얻고 힘이 없는 자가 그곳에서 힘을 얻고 돌아오는 자리가 성소입니다.

여러분이 성전을 사랑하는 것은 성전에서 하나님의 말씀이 있기에 말씀이 있는 곳에는 예수 이름의 권세가 나타나고 예수 이름이 있는 곳에는 표적이 나타나잖아요.

그러므로 성전에 마음을 두고 성전 중심하는 여러분에게는 하나님의 능력이 나타나고, 성소를 아끼고 성전을 마음에 두고 살아가는 여러분은 복이 있습니다.

비록 지금은 성전을 멀리 하고 떠났다 하여도 예수님은 우리를 잊지 않습니다.

예수님은 우리의 능력이시고 예수님은 우리의 권세가 되어 예수님의 이름의 평강이 성전에서 맛보고 성전에서 주시는 하나님의 말씀의 축복이 넘칠 것입니다.

여러분은 성소에서 모든 문제를 판가름할 사람이며, 아무도 여러분을 손대지 못할 것은 성소에서 말씀으로 오신 예수님으로 인하여 악한 자가 여러분을 손대지 못할 것이며, 여러분은 하나님의 복을 누릴 형통할 사람입니다.

■**따**라서 해요.
"나는 육신의 일을 생각지 아니하고 항상 영의 일을 생각하는 사람입니다." 아멘

35 | 권능으로 자유함을 얻었다

(행13:16-17)

 오늘도 예수님은 우리를 사랑하십니다.

누구든지 십자가에 못 박혀 죽었다가 장사한 지 사흘 만에 다시 살아나신 하나님의 아들 예수님을 영접하고 믿는 자들에게는 하나님의 자녀가 되는 권세를 주셨습니다.

학력이 얼마나 있느냐 묻지 않습니다.

학력을 위조할 이유도 없었습니다.

지난날 어떻게 살았느냐고 과거를 묻는 청문회도 하지 않습니다.

지난날의 허물과 추한 죄악도 물어 캐어 내지를 않습니다.

무슨 죄를 어떻게 하였고, 수십 년 전에 있었던 잘못을 캐어 내어서 동네방네 광고하지 않습니다.

죄 있으면 죄 있는 그대로 실패하였으면 실패한 대로 못났으면 못난 그대로 예수님은 우리를 자녀가 되게 하셨습니다.

예수님은 자녀들의 이름을 손바닥에 새기고 지난날의 허물 그리고 추한 죄악을 용서하시고 죄는 대신 청산하셨고 약한 자는 강하게 가난한 자는 부하게 없는 것은 있게 하시고 죽은 자는 살리시고 수고하고 무거운 짐 진 자의 어깨를 쉬게 하셨고 포도나무에 붙어 열매를 맺으려고 몸부림치는 사람들은 더욱더 깨끗케 하시고 사모하는 자의 영혼을 만족하게 하셨고 넘어진 자를 일으켜 하늘에 소망을 두게 하신 우리 주 예수님을 찬양합니다.

예수님을 사랑한다고 오늘도 옆 사람이 크게 듣게 3번 고백하십시다.

"예수님을 사랑합니다. 예수님을 사랑합니다. 예수님을 사랑합니다."

본문은

하나님이 택하신 이스라엘 백성들을 애굽의 종살이에서 권능으로 인도하셨다는 말씀입니다.

그것도 나그네 된 백성을 높여서 말입니다.

종으로 살던 신분의 백성들을 자유케 하셨고 눌렸던 백성, 포로된 사람들 질병에 붙잡혔던 사람들을 자유케 하시고 권능으로 푸른 초장으로 쉴만한 물가로 인도하셨습니다.

창세전에 택하사 우리를 높여 주셨고 세상에서 버려진 것 같은 연약한 우리들을 예수님의 권능으로 우리를 인도하셨으며 우리는 성령 받고 하나님을 아버지라고 부릅니다.

주여…… 주님만 바라보게 하소서.

내 평생 예수님만 의지하게 하소서.

예수님께 붙어 있을 때마다 예수님의 열매 맺게 하소서.

여러분은 이미 성공하고 세상을 살아가고 있습니다.

비록 지금은 실패한 것 같고 오늘은 병들었고 희망도 소망도 없는 것 같아도 절망의 무덤을 열고 살아나신 예수님이 우리 안에 있기에 우리의 내일은 다시 지금의 절망을 활짝 열어 버리고 밝은 광명의 빛을 비추고 하나님의 사랑을 받기 위해 태어난 귀하신 여러분이기에 이제는 두려워하지 말아요.

오늘부터는 무거운 실패의 고난의 짐은 장차 나를 천국에 이끌어 가실 예수님께 맡기고 남은 시간은 주님의 행복으로 예수님의 말씀으로 찬양하면 살리라.

항상 기뻐하고 쉬지 말고 기도하고 범사에 감사할 여러분은 이제 두고 보십시오.

동쪽 바다를 붉게 물들이고 온 세상을 밝게 할 태양을 준비하신 하나님을 경배하고 바라보고 의지하면 내일은 반드시 다시 일어날 것이며 고침 받을 것이며 은사 충만, 성령 충만, 승리하시는 모두가 되시기를 축복합니다.

따라서 해요.

"나는 세상에서 가장 복을 많이 받을 사람입니다."
아멘

36

주님의 뜻을 내 뜻으로

(행13:18)

 하나님은 좋으신 하나님이십니다.

누구든지 구하는 자에게 좋은 것을 준비하시고 간구하는 자에게 좋은 것을 주시는 하나님이십니다.

좋으신 하나님은 합력하여 선이 되게 하십니다.

항상 기뻐하고 쉬지 말고 기도하고 범사에 감사할 때 하나님은 하나님의 뜻을 우리를 통하여 다 이루십니다.

하나님은 우리를 외모로 보시지 않습니다.

하나님은 우리의 중심에 그리스도의 영이 있는지 없는지를 살피십니다.

하나님은 우리 안에 그리스도의 언어가 있는지를 살피시고 예수님의 성품이 있는가를 확인하십니다.

하나님은 우리의 겉모습의 옷을 보시지 않습니다. 하나님은 우리 안에 예수의 거룩한 의에 옷을 살피시고 성도의 행실의 세마포 옷을 보십니다.

하나님은 우리의 모든 것을 다 아시고 우리의 중심을 보시고 복을 받을 그릇인지 아닌지를 판단하십니다.

본문은

이스라엘 백성들의 광야 40년간 하나님을 불신하고 하나님을 대적하고

하나님의 뜻을 알지 못하였던 모든 행위를 참으셨다는 시도 바울의 설교 시작입니다.

여러분은 하나님을 사랑합니다.

여러분 안에는 하나님의 의도를 알고 하나님의 생각이 담겨 있는 하나님의 자녀입니다.

하나님은 누구든지 하나님의 뜻을 알려고 힘쓰고 하나님의 의도대로 살아가려는 자를 하나님은 세상에 세우시고 세상을 맡기셨습니다.

하나님은 세상에서 여러분을 중심하여 일하십니다.

하나님의 의도를 알려고 몸부림치고 하나님의 사랑을 전하려고 힘을 쓰는 여러분들을 하나님은 불러서 사용하시려 하십니다.

예수님이 세상에 오심도 하나님의 의도를 알고 있기에 세상에 오셔서 골고다 십자가를 지셨고 할 수만 있으면 지기 싫은 십자가도 짊어지심은 하나님의 구원의 의도를 알고 있기에 '내 뜻대로 하지 마시고 아버지의 원대로 하시라'는 고백은 오직 아버지의 뜻을 세상에서 나타내고 세상에 그 뜻을 세우고 아버지의 의도를 이루려고 몸부림쳤던 예수님을, 하나님은 홀로 버려두시지 않은 것도 하나님은 하나님의 뜻을 세상에서 이루시려 하십니다.

여러분은 하나님의 약속을 믿습니다.

여러분이 믿는 약속에는 예수님의 능력이 담겼습니다.

하나님의 능력은 반드시 말씀 속에 담겨 있기에 하나님의 말씀을 믿기만 하면 표적이 따르고 능력이 찾아오게 되는 것입니다.

여러분은 반드시 승리할 사람이며 우리는 세상에서 예수 이름의 표적을 나타낼 그릇입니다 우리는 하나님의 뜻을 세상에 나타낼 하나님의 축복의 사람입니다.

못나고, 가진 것 없고, 배우지 못하여도 염려하지 말아요.

하나님의 의도를 알고, 오직 하나님의 구원의 뜻만을 세상에서 이루고, 하나님을 위하여 살려는 마음을 가슴에 품고, 예수님을 사랑하시는 여러분은 반드시 잘될 사람입니다.

따라서 해요.

> "나는 예수님 없이는 살 수 없는 사람입니다."
> 아멘

37

멸하시고 기업을 주시고

(행13:19)

하나님을 사랑하시나요?

아골 골짝 빈 들까지 복음 들고 나갈 용기 정말 있나요?

아프가니스탄에 예수 이름으로 헌신의 길에 동행한 하나님의 자녀들의 의료 봉사로 찾아간 그 길이 억류되고 피랍되어 생사를 눈앞에 두고 우리는 기도하고 부르짖고 하나님의 도우심만 기다림은 저들은 오직 예수님을 위하여 그곳을 찾아갔기 때문입니다.

불신자들은 기독인들을 공격할 절호의 기회를 삼았지만 우리는 그들 또한 기도 대상으로 삼습니다.

척박한 환경과 어려운 지구촌에 생명 무릅쓰고 찾아간 그들의 숭고한 신앙의 인격을 높이 평가하고 오늘 새벽도 우리는 교회들마다 모여 기도하였습니다.

예수님은 자신의 생명을 우리에게 남기시고, 자신의 피와 모든 삶을 우리에게 남기시고, 하나님으로 영의 몸으로 살아나셔서 승천하시고 보좌 우편에 앉으셔서 우리를 위하여 기도하시며 세상 끝 날까지 성령으로 함께하시는 예수님을 사랑합니다.

본문은

하나님께서 이스라엘 백성들에게 주신 가나안 땅에 원주민들을 멸하시고 기업을 주셨다는 말씀입니다.

성도들의 삶에 걱정거리요, 질병이요, 문제를 오늘 다 멸하시고 그 기업을 우리에게 주셨다는 말씀입니다.

여러분은 예수님의 자녀입니다.

여러분이 예수님의 자녀가 될 때 돈 주고 땅 팔아서 된 것 아니고, 그냥 예수님 이름을 믿고 마음에 영접하였고, 예수님의 공로를 인정하고, 의지하고, 바라보고, 섬기고, 찬양하고, 기도한 것밖에 없습니다.

여러분은 지금의 고난의 자리, 지금의 슬픔의 문제, 오늘의 답답한 일들 때문에 낙심하고 절망하지 말아요.

예수님은 오늘 아침 여러분의 걱정과 아픔을 멸하시고, 없애 버리시고, 좋은 것으로 기업을 주시겠다는 이 약속 믿어지기를 축복합니다.

도리어 지금의 고난 때문에 지금의 아픔 때문에 일생을 하나님의 축복 속에 살아갈 수가 있다는 말입니다.

오늘의 눈물 때문에 주님께 더 가까이 나가고, 오늘의 근심 때문에 더 주님을 부르고 더 주님을 의지하고 더 예수님을 섬길 자리로 바꾸어진다면 도리어 여러분 삶에 이제부터는 밝아지고 창대함이 시작이 되고 갑절의 축복으로 바꾸어진다는 말씀입니다.

예수님을 보내신 살아 계신 하나님을 믿으시나요?

하나님은 우리의 삶을 풍성하게 하시려는 계획을 하시고 계십니다.

하나님은 세상에 살아가는 우리들을 귀하게 사용하시려고

우리를 푸른 초장, 잔잔한 시내로 부르시고 인도하셨습니다.

하나님은 우리의 중심을 보십니다.

걱정하지 말아요. 오늘부터 염려하지 말아요.

우리를 괴롭히는 모든 문제는 예수님께 맡기고 우리는 회개하고 돌이키고 세상으로 떠났던 발걸음 예수님 앞으로 나가고 예수님을 부르고 예수님을 위하여 살지 못하고 나만 위하여 살았던 삶을 돌이키고 예수님을 사랑하는 자리로 나가면 예수님은 지금의 눈물과 슬픔을 기쁨으로 축복으로 바꾸어 선물 주실 것이며 저녁에는 울음이 가득하여도 아침은 동쪽 태양처럼 밝은 광명의 일들이 솟아날 것입니다.

장사한 지 사흘 만에 다시 살아나신 예수를 믿고, 붙들고 나가는 여러분은 반드시 예수님과 함께 어두움을 거둬 버리고 밝은 광명을 비출 사람입니다.

■■따라서 해요.

> "나는 결코 뒤로 물러나가 세상에 빠질 자가 아닙니다."
> 아멘

38

왕을 주시고

(행13:20-21)

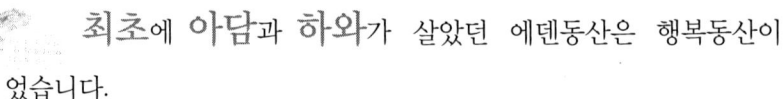

최초에 아담과 하와가 살았던 에덴동산은 행복동산이었습니다.

생육하고 번성하고 정복하고 다스릴 권능을 주셨고, 육신의 삶으로는 벌거벗었으나 부끄러움이 없었던 아름다운 정겨운 삶을 산 에덴의 삶은 완전한 영육의 행복의 삶이였습니다.

하나님이 있는 곳에는 항상 완전함이 있습니다.

예수님이 계신 곳에는 항상 부족함 없습니다.

물가에 심겨진 나무처럼 잎사귀도 마르지 않고, 그 행사가 다 형통한 삶을 주셨습니다.

그러나 죄를 범한 아담과 하와는 행복한 삶, 완전한 삶에서 박탈당하였고 쫓겨났습니다. 지금도 하나님은 하나님의 형통 속에서 벗어나서 범죄하고 하나님을 거역하면 에덴에서 추방하시는 것입니다.

그러나 추방된 그 저주의 자리에 왕이신 예수님이 말구유 한편에 동정녀 마리아 몸에서 성령으로 잉태하셨고, 예수님은 왕으로 이 땅에 오셨습니다.

하나님은 왕을 보내셔서 에덴의 통치권을 들고 오셔서 사단의 요구대로 죄의 값을 자신의 생명을 주셨고 죽음을 맞이하셨고 사흘 만에 다시 하나님으로 살아나셔서 심판자로 사단을 심판하시고 빼앗겼던 통치권을 빼앗아 우리에게 에덴의 통치권을 믿는 자에게 주신 것입니다.

믿는 자들에는 이런 표적이 따르고 뱀과 전갈을 밟으며 원수의 모든 능력을 제할 권세를 주셔서 우리를 해할 자가 결단코 없게 하신 하나님은 우리의 좋으신 하나님이십니다.

본문은

이스라엘 백성을 통치하시던 하나님의 시기는 사사를 주셔서 이스라엘을 신정 통치하셨고, 백성들의 요구는 하나님의 지배에서 벗어난 왕의 통치를 받으려는 생각으로 그들은 왕을 구하여 하나님이 왕을 주셨다는 말씀입니다.

여러분에게는 예수의 왕이 오셨습니다.

비록 전날에 허물과 추한 죄악에 젖었다 하여도 우리에게 찾아오신 왕 예수님을 영접하였고, 예수님의 이름을 우리는 믿었기에 왕이신 나의 하나님의 능력도 권능도 믿는 우리에게는 충만하게 나타나셨습니다.

여러분은 왕이신 예수님의 약속을 믿기에, 여러분은 왕의 왕권이 머물고 있는 사람이며 왕권의 권세를 행할 자격이 있는 형통할 사람입니다.

우리는 왕 같은 제사장이며 예수 이름이 왕이시기에, 그 이름을 인정하고 영접하고 믿는 자에게는 왕이신 예수님이 직접 나타나시는 것입니다. 왕이신 하나님은 왕권을 들고 이 땅에 오시지 않아도 하나님은 왕이십니다.

예수님께서 그 왕권을 들고 인간 세상에 성령으로 오신 이유는 죄인 된 우리에게 그의 왕권을 우리에게 주시고 안으로 하여금 세상에서 왕같이 살게 하기 위함입니다.

설혹 지금은 왕이신 예수님을 잊고 살았다 하여도, 여러분은 다시 왕이신 예수께로 돌아가 왕이신 예수님을 섬기시고, 왕이신 예수님을 의지하고 바라볼 왕의 후손 예수님의 자녀가 된 것입니다.

지금의 고난 앞에 절망이 다가온다 하여도 오늘은 캄캄하여 어두움에 빠졌다 하여도 낙심하지 말아요.

아는 것 없고 남들처럼 가진 것 없어도 두려워하지 말아요.

이제는 아무도 우리를 멸시하고 천시할 사람 아무도 없습니다.

왕이신 예수님이 우리 편이시고 세상을 함께 지키시고 함께 살아가고 함께 거하는 왕이신 예수님을 찬양합니다.

우리에게는 왕이신 예수님이 우리 안에 계시기에 우리는 반드시 내일은 일어나 승리할 무덤을 열고 살아나신 예수님의 왕권을 가진 사람이기에 우리는 왕이신 예수님만 바라볼 사람입니다.

따라서 해요.

"나는 세상에서 예수님의 할 일 많은 부자 될 사람입니다."
아멘

39

하나님 마음에 합한 자

(행13:22)

하나님의 사랑은 독생자 예수님을 십자가에 못 박아 예수님의 생명으로 예수님의 피 값으로 죄인들의 죄를 대신 갚으신 십자가의 증거가 하나님의 사랑의 증표입니다.

예수님께서 그 십자가를 눈앞에 두고 기도한 마음은 오직 아버지의 사랑이 이 땅에 실천되기를 바라고 내 뜻대로 하지 말아 달라고 하심은 오직 하나님의 사랑이 나타나고 전달되기를 바라시는 예수님의 결단이셨습니다.

예수님은 목숨을 버릴 권세를 가지고 스스로 십자가를 선택하셨고, 스스로 목숨을 십자가에 내어놓는 것이 아버지가 원하시는 사랑이기에, 예수님은 스스로 죽으신 하나님의 사랑을 자신의 몸으로 나타내시고 장사한 지 사흘 만에 다시 하나님으로 살아나셨습니다.

예수를 믿는 자들의 모든 죄 값을 다 청산하셨고 예수를 믿는 사람들의 영혼을 구원하는 모든 일에 예수님으로 할 일은 다하시고 무덤을 열고 사망 권세를 깨트리시고 사단을 심판하셨고 사단의 권세를 **빼앗아** 예수님을 믿는 자들에게 나눠 주셨으므로 예수님을 믿는 자에게는 누구든지 예수님의 하신 일을 하게 하셨고 그보다 더 큰일을 할 수 있습니다.

본문은

하나님이 하나님의 뜻을 이룰 사람은 하나님 마음에 합한 사람이라고 구별하십니다.

여러분은 하나님의 말씀이 있는 사람입니다.

누구든지 그리스도의 영이 없으면 그리스도인이 아니기에 우리는 오직 예수님의 말씀을 통하여 나타내신 예수님만 바라보잖아요. 예수님은 여러분의 마음에 오셔서 예수님의 마음에 합한 자로 살아가기로 작정된 사람입니다.

우리는 내가 할 수 있는 것은 아무것도 없습니다.

오직 하나님이 나를 사용하시어 하나님의 의가 우리를 통하여 이루시고, 예수님의 마음에 합한 자는 예수님의 말씀을 가진 자입니다.

우리가 예수님 안에 있고 예수님의 말씀이 우리 안에 있는 사람은 예수님의 능력을 나타낼 사람입니다. 여러분은 복이 있습니다.

세상의 수많은 사람들 가운데서 예수를 알고 예수님을 믿었고 예수님을 사랑하였으니 여러분은 영혼이 잘됨같이 범사가 잘되고 강건할 사람 아닙니까?

여러분은 예수님의 말씀은 능력 있고 살았고 운동력이 있기에 그 말씀대로 삶이 행복하고 평강이 넘치며 여러분은 예수님의 말씀을 붙들고 있는 사람입니다.

세상의 그 어떤 일들이 다가와도 말씀만은 버리지 않을 사람이며 말씀으로 성공하며 하나님 마음에 합할 사람입니다.

두고 보십시오.

아침마다 1분 말씀에 아멘과 흔적으로 고백하시는 여러분은 점점 하나님의 뜻이 이루어지고 기도가 응답이 되고 하나님을 향한 소원이 이루어져 감은 여러분은 하나님 마음에 합한 사람이기에 하나님은 여러분을 버리지 않습니다.

여러분은 신앙의 삶을 살아도 더 열심히 기도합니다.

여러분은 봉사를 하셔도 더 열심히 충성함은 예수님의 말씀을 소유하신 예수님의 마음에 합한 자이기에 여러분은 형통할 사람입니다.

따라서 해요.

"나는 예수를 믿어도 더 잘 믿고 하나님 마음에 합할 사람입니다."
아멘

40

하나님의 약속대로

(행13:23)

아프가니스탄이라는 나라 탈레반의 무장 단체는 이 지구상에 또 하나의 위협 단체이며, 보통 사람의 행복권을 무차별하게 짓밟아 버리는 흉악한 단체이기에, 인질의 생명도 자신의 요구대로 되지 않으면 흉악하게 죽일 수 있는 무서운 이단 신앙 양심을 소유한 사람들의 이야기가 지금 온 세상을 흔들고 있습니다.

지금으로부터 2천 년 전에도 하나님의 아들 예수님을 인질로 잡고 온 세상의 사람들의 죄 값을 갚으라고 아우성이었을 때도 있었습니다.

마찬가지로 지금 우리에게도 더 무서운 사단이 우는 사자 같은 사악한 도적질하고 죽이고 멸망시키는 능력을 들고, 우리를 인질로 삼으려는 마귀들의 공격은 더 악랄합니다.

예수님이 이 땅에 오심은 마귀의 일을 멸하기 위함입니다.

예수님의 오심은 에덴에서 처음 아담이 빼앗겼던 하나님의 다스림의 권리를 예수님 자신의 몸을 인질로 잡혀서 십자가 사형 틀에 생명을 제공하고 빼앗겼던 권리를 찾아서 우리에게 주셨습니다.

예수님의 흘리신 보혈은 인간들의 지은 죄 값을 보상하고 허물과 죄악을 예수님의 십자가의 채찍 아래 모든 저주의 값을 해결하셨고 다 갚으셨습니다.

예수님은 우리의 모든 것을 다 갚으셨고, 우리의 모든 약함과 모든 병도 다 짊어지셨고 담당하셨고, 이제는 누구든지 예수님의 그 약속만 믿으면 그 약속이 우리를 영생 얻게 하셨고 구원을 보장하셨습니다.

예수님은 약속대로 행하십니다.

본문은

예수님이 세상에 오실 때도 약속대로 오셨다는 말씀입니다.

여러분은 그러기에 예수님의 약속을 믿고 기도하고 예수님의 약속대로

행하려고 몸부림치잖아요.

여러분은 여러분 마음대로 살고 싶고 여러분의 생각대로 살고 싶어도 그리 아니하는 것은 예수님의 약속을 알고 예수님의 약속대로 행하려고 애를 쓰는 여러분은 말씀의 약속대로 기업을 받을 자격이 있기 때문입니다.

여러분은 예수님의 약속은 살았고 운동력이 있고 좌우에 날선 검보다도 더 예리한 하나님의 약속을 일점일획이라도 의심하지 않고 그대로 믿잖아요.

우리는 예수님의 약속을 믿습니다.

예수님의 약속을 믿기에 행동으로 옮기고 행하는 삶을 살아가는

것은 여러분의 믿음은 온전한 것입니다.

여러분은 세상에서 큰일을 감당할 사람입니다.

여러분 안에 머물고 있는 예수님은 약속으로 오셨고, 그 약속을 믿고 행할 때 그 믿음이 살아 있는 믿음이며 온전한 믿음입니다.

예수님은 우리를 보실 때 우리의 행함을 보십니다.

약속대로 믿고 약속대로 행하는 것을 살피시고 누구든지 심는 대로 거두게 하시는 예수님은 지금도 변함이 없으신 살아 계신 우리의 주님이십니다.

여러분은 장차 세상에서 예수를 크게 높일 사람입니다.

우리 안에는 예수님의 축복의 근원인 하나님의 약속이 있기에 그 약속 믿는 믿음이 여러분을 변화하게 하실 것입니다.

여러분은 세상에서 놀라운 일을 할 것이며 우리는 세상에서 없어서는 안 될 하나님의 역사의 주인공입니다.

가진 것 없고 아는 것 없고 못났다 하여도 여러분은 낙심하지 말아요.

따라서 해요.

"나는 세상에서 주인공으로 성공하고 승리할 소망이 넘칠 사람입니다."
아멘

41 썩을 사람이 아닙니다

(행13:24~37)

예수님이 십자가에 처형을 당하신 것은 예수님의 죄때문이 아닙니다.

하나님이 세상을 이처럼 사랑하사 독생자를 주셨고 독생자 예수님은 예수님을 믿는 자들의 죄를 대신하여 그 죄 값을 청산하시기위하여 십자가를 지셨습니다.

예수님의 찔림은 우리의 허물 때문이요,

예수님의 상하심은 우리의 죄악 때문입니다.

예수님이 징계를 받으므로 우리는 평화를 누리고 살며 예수님이채찍에 맞음으로 우리는 나음을 얻었습니다.

오늘 병이 떠나기를 축복합니다. 아멘…….

예수님은 온 세상 사람들의 죄 때문에 죽었습니다.

예수님으로 말미암지 않고는 아무도 구원의 자리로 나갈 수가없으며, 예수님의 십자가의 죄 사함의 그 길 따라 나가지 않으면누구든지 영생을 얻을 수가 없습니다.

세상 사람들이 우리를 욕하고 봉사와 헌신의 희생을 안고 아프
가니스탄에 뼈를 묻어도 그들은 우리를 향하여 돌을 들고, 수없는
기독교인들을 향하여 매를 들고 있지만, 그들도 예수 없이는 망할
사람으로 인정이 됩니다.

하나님을 부정하고, 하나님의 독생자 예수님을 부인하고, 예수님
의 사랑을 받지 않으면 대통령이라 해도 이 땅에 권력 가지고 갈수
없는 곳이기에, 예수님 없이는 누구든지 하나님 앞에 나갈 수가 없
습니다.

예수님은 원수 된 죄인들의 죄 값의 희생의 제물로 바쳐 하나님
에게 제물이 되었기에 하나님과 화목하였습니다.

예수님 없이는 아무도 하나님과는 화목할 수가 없고 예수님 없
이는 아무도 하나님을 아버지라고 부를 수가 없습니다.

본문은

하나님의 아들 예수님이 십자가에 처형을 당하였고 처참하게 죽
었지만 하나님은 예수님을 십자가의 사망의 고통에서 살리시고 무
덤을 열게 하심은 누구든지 예수님을 믿는 자에게도 똑같이 썩음을
당하지 않게 하시는 하나님의 능력이 있다는 다윗의 고백입니다.

여러분은 예수님의 약속을 믿습니다.

우리는 예수님 없이는 아무것도 할 수 없음을 오늘 아침도 성전
에서 고백하고 왔습니다.

하나님만이 만왕이시며 만주의 주시니 하나님은 우리를 통하여
영광을 받으며 믿는 자들의 신앙고백을 듣고 하나님은 우리에게
찾아오셔서 우리의 심령에 하나님의 성전 삼고 하나님을 닮아가게

하셨습니다.

여러분의 지금의 고통이 아무리 힘들고 아파도 예수님 십자가의 고통보다 더 하시겠습니까?

지금의 눈물이 슬프고 아파도 예수님 십자가의 고난보다 더 아플까요?

지금의 자존심 상하고 수치스러워도 예수님보다 더 부끄럽겠습니까?

그러나 예수님은 사흘의 고난이 끝나고 절망이 끝나고 썩을 자리에서 썩지 않고 살아나게 하신 하나님이 우리의 아버지이시고 우리의 책임자이신 하나님이시기에 우리의 지금의 절망도 사흘일겁니다.

십자가에 죽었다가 다시 살아나신 예수님 믿습니까?

그러면 현실의 고통이 아무리 아파도 끝날 날이 옵니다.

우리의 지금의 슬픔이 온 천지를 채우고 밤잠을 자지 못하고 후회의 연속일지라도 내일은 부활의 영광스런 밝은 빛이 비추어 오고 있고 내일은 다시 우리에게 예수님의 광명을 들고 오셨으니 믿는 자들이 어두움에 있지 않게 하시려 함입니다.

여러분은 아무리 생각하고 또 생각하여도 잘될 사람입니다.

아무리 산이 무너지는 것 같은 캄캄함이 가득하여도 예수님 무덤 열고 일어나신 부활의 권세를 우리도 가졌고 예수님 썩음을 당하지 않았으면 우리도 썩음을 당하지 않을 축복의 사람입니다.

■■따라서 해요.

"나는 점점 더 갈수록 젊어질 사람입니다."
아멘

예수님 때문에

(행13:38-39)

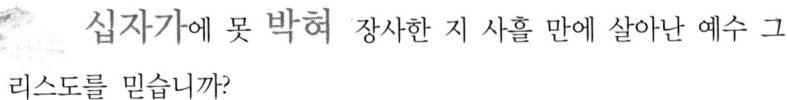

십자가에 못 박혀 장사한 지 사흘 만에 살아난 예수 그리스도를 믿습니까?

죄의 삯은 사망이라고 하나님이 말씀하셨고 아무도 죄 사함 받을 수 없는 율법을 모세에게 주시고 율법 앞에 죄인임을 알게 하셨고 죄인이 생명 얻어 살아날 곳을 만드시기 위하여 하나님 자신이 예수님이라는 이름 들고 이 땅에 성령으로 잉태하여 오셨습니다.

하나님이 하신 십자가의 희생은 죄 없으신 하나님만이 감당할 수가 있기에, 하나님 자신이 예수님 이름으로 말구유에 탄생하셨습니다.

십자가 지신 예수님 없이는 아무도 구원을 얻을 수 없고 예수님의 십자가 보혈 아니고는 죄 사함 받을 수 없으니 예수님은 사람들의 영혼의 길이요, 진리요, 생명입니다.

예수님 없이는 아무도 천국을 볼 수 없습니다.

예수님 없이는 아무도 영생을 얻을 수 없습니다.

예수님 없이는 아무도 하나님을 볼 수가 없습니다.

본문은

누구든지 예수로 인하여 구원을 얻고 예수님 때문에 죄 사함 받고 예수님 때문에 생명을 얻음을 알아야 함을 우리에게 알려 주시는 말씀입니다.

여러분은 예수님을 사랑합니다.

우리는 예수 없이는 살 수 없음을 고백하고 예수 없이는 소망도 없음을 알기에 우리는 예수님을 의지합니다.

예수님은 부활 승천하셨지만 예수님은 성령으로 오셨고 예수님은 세상 끝 날까지 우리를 떠나지를 않습니다.

성령으로 오신 예수님은 십자가 지셨던 예수님과 똑같은 능력을 가지셨고 똑같은 권능을 가지신 하나님이시기에, 성령님은 예수님이 행하신 일들을 예수님 오실 그날 아침까지 일하시고 행하시는 하나님이십니다.

여러분은 오직 구원은 예수님으로 인하여 이루심을 믿고 예수님 때문에 다시 살아났고 예수님 때문에 영생을 가졌기에 우리는 예수님 위하여 살기로 작정합니다.

여러분은 예수님의 은혜에 정직합니다.

영생을 주신 예수님을 인정하고 감사합니다.

구원을 주셨고, 믿음을 주셨고, 죄 사함을 주신 것은 오직 예수님 때문임을 믿고 인정하고 감격하였습니다.

여러분은 평생을 예수님 위하여 살아가기로 작정한 사람입니다.

우리는 주님만이 우리의 구주가 되시고, 예수님만이 우리의 능력이 되심을 고백합니다.

지금의 고난이 우리 앞에 놓였다 하여도 오늘의 아픔이 첩첩이 둘러싸였다 하여도 우리는 예수님 때문에 승리하고 우리는 예수님 때문에 일어날 것은 예수님은 십자가를 지고 사망에서 일어났으니 우리도 일어날 줄 믿습니다.

다가온 실패의 절망과 질병의 캄캄함의 문제 앞에서도 절망하지 않는 것은 예수님 무덤을 열고 살아나신 승리가 우리 것이기에 예수님 때문에 다시 살아나 예수님 때문이라고 간증할 날이 올 겁니다.

지금의 질병이 낙심과 좌절이 불원간 밝은 광명의 삶으로 바꾸어질 것이며, 우리들의 입술에는 오직 예수님 때문 다른 이유는 아무것도 없다고 하나님께 영광을 돌리고, 부활하신 예수님이 나의 하나님이라고 고백할 날이 우리 삶에 나타날 줄 믿으시기를 바랍니다.

오늘의 슬픔에 빠지지 말아요.

지금의 아픔은 장차 더 좋은 축복으로 찾아올 것이며, 합력하여 선이 되게 하실 하나님만 찬양합니다.

따라서 해요.

크게요. 세상사람 모두가 듣도록 말입니다!
"나는 행복할 날이 아직도 더 많이 남은 사람입니다."
아멘

43 | 말씀을 사모하라

(행13:40-43)

 본문은

말씀을 사모하는 사람들이 바울에게 다음 안식일에도 하나님의 말씀을 들려 달라고 부탁할 때 항상 은혜와 평강에 거할 자라고 축복합니다.

하나님의 말씀은 살리는 영이며, 하나님의 말씀은 우리를 승리하게 하는 능력이 담겼으며, 하나님은 살았고 운동력이 있다고 성경은 가르치고 있습니다.

하나님의 말씀은 하나님 자신이기에 하나님 말씀 안에 은혜가 있고 하나님 말씀은 사모하는 자에게 나타나시는 하나님의 사랑입니다.

하나님은 결코 우리를 버리시지 않습니다.

독생자 예수님을 보내실 때부터 하나님은 우리 인간들에게서 무슨 보상을 받기 위하여 십자가에 목숨 던진 것이 아닙니다.

오직 보상을 기다리신다면 세상에서 십자가 예수님 붙들고 멸망의 넓은 길 버리고, 구원의 길로 돌아오기를 바라시는 예수님의 사랑뿐입니다.

오직 잃었던 행복동산, 에덴동산을 우리에게 회복시켜 우리로 하여금 하나님의 나라에서 하나님의 기업을 물려받을 후사로 세우시려고 우리를 찾아 나섰습니다.

돌아온 탕자가 아버지의 마음을 기쁘게 한 것처럼, 잃었다가 찾았고 죽었다가 살아났다고 말하실 만큼이나 아버지는 기뻤고 아버지는 저 멀리 거지 차림의 남루한 옷을 입은 둘째 아들 기다렸고 기다렸던 아들이 보이자 달려가서 목을 안고 입을 맞추었다는 아버지의 마음을 아시나요?

여러분은 아무리 생각해도 복 있고 우리는 하나님의 자녀의 신분을 가슴에 담고 성령으로 거듭난 축복의 사람입니다.

비록 지금은 나약할 수도 있습니다.

때로는 하나님을 사랑했던 마음이 세상을 바라보며 세상으로 떠날 수도 있습니다.

사명 잃었고 직분 버렸고 자신의 형편에 메여서 마음껏 예수님 섬기지 못한다 하여도, 여러분 안에는 예수님이 좌정하고 계시기에 홍수 가운데서도 함께 하심이 우리를 기어코 주님께로 돌아오게 하실 것이며, 하나님 앞으로 달려 나올 사람이며 하나님을 다시 부를 사람입니다.

누가 우리를 비웃나요?

누가 우리를 멸시하고 천시 여기나요?

배운 것 없고 아는 것 없고 가진 것 없다고 누가 우리를 우습게 생각하나요? 오늘부터 걱정하지 말아요.

여러분은 하나님의 자녀요, 우리는 하늘나라에는 왕자요, 공주입니다.

푸른 초장이 기다리고 쉴만한 물가가 준비된 사람이 여러분입니다.

우리를 악한 자가 손대지 못하게 지키시고 막아주잖아요.

오늘부터 사람 바라보지 말아요.

하나님의 말씀 바라고 다음 안식일에도 말씀을 들려 달라는 사람처럼 하나님의 말씀만 바라보세요.

하나님의 말씀은 예수님의 능력이 되고 하나님의 말씀 속에 운동력이 나타나서 우리를 변화시킬 것이며, 질병은 고치시고 약한 것 강하게 가난함에 부유를 주시고, 우리를 멸시하고 천시하던 그들 앞에서 상을 베푸시고 사망의 음침한 골짜기에서도 주님의 지팡이와 막대기로 우리를 지킬 것이며, 우리를 붙드실 것이며 우리를 성령으로 승리하게 하실 예수님을 두 손 들고 목청 높여 찬양합니다.

■■따라서 해요.

"나는 예수님의 형상을 닮아갈 사람입니다."
아멘

44 선지자의 말을 인정하라

(행13:40-41)

십일조를 구별하는 믿음은 물질의 모든 것 하나님의 것임을 인정하는 고백입니다.

예수 이름으로 감사를 드리는 것도 모든 은혜 주님의 도우심과 베푸신 하나님의 사랑을 인정하는 고백이 예수님을 사랑하는 증거입니다.

힘들고 어려울 때 하나님께 나가 부르짖는 것도 하나님의 존재를 인정하는 행위입니다.

하나님은 천하 만물에 그분의 능력이 분명하게 나타나 아무도 하나님의 하신 일에 하나님의 은혜를 하나님의 것을 부인할 수가 없게 하신 것입니다.

이방이 떠들고 나라들 모여서 진동하나, 우리 주 목소리 한번만 발하시면 세상의 모든 것 망하는 것입니다.

예수님은 예수님의 존재를 인정하고 예수님의 살아 계심을 인정하는 것은 선지자의 말씀을 인정하는 것입니다.

본문은

선지자의 말을 멸시치 말아야 함을 말씀하시고, 선지자들의 기록한 성경을 인정하고 거울삼을 때 우리의 삶에 그대로 나타날 줄 믿습니다.

여러분은 성경을 통하여 예수를 알았고, 선지자의 말씀 듣고 믿음이 생겼고, 선지자의 언어에 감동이 되고, 하나님의 말씀을 통하여 구원도 알고, 성경을 통하여서 영생도 알고, 성경으로 인하여서 나의 영혼이 거듭나 험난한 세상에 살아갈 때 성경의 약속이 우리의 삶에 기준이 되었고, 우리는 하나님의 말씀을 삶의 기준으로 삼아 하나님의 말씀의 복을 누릴 사람입니다.

여러분은 일점일획도 변함이 없는 하나님의 말씀을 듣고 여러분은 하나님의 말씀은 능력이 나타나고 운동력이 찾아온다는 것을 알기에 우리는 하나님을 찬양합니다.

하나님의 말씀은 곧 예수님의 하신 일이 그 말씀을 통하여 찾아온다는 것을 믿기에 여러분은 주님을 닮습니다.

우리는 주님의 형상을 닮았고 우리에게는 예수님의 능력의 말씀을 믿을 때 믿는 자에게 보장하신 이런 표적이 우리에게 나타난다고 하신 그 말씀을 체험할 사람입니다.

우리는 세상에 살아갈 때 결코 우리 홀로가 아니잖아요.

임마누엘 하나님의 이름으로 오신 예수님은 생명의 과일이며 생명의 떡이잖아요.

그 예수를 먹고 예수님을 의지하고 바라보며 예수님은 우리의 능력임을 믿고 예수님을 의지함은 우리의 복이며 우리의 소망이시고 우리의 능력입니다.

비록 지금은 탕자처럼 하나님을 떠났고, 베드로처럼 예수님을 부인하는 자리에 있고, 도마처럼 예수님을 의심하여도 여러분은 다시 예수님께로 돌아와서 무릎 꿇고 주님은 나의 하나님이시라고 고백할 날이 올 것이며, 여러분은 아브라함의 복을 누릴 축복의 자리로 반드시 돌아올 사람입니다.

예수님은 우리의 이름을 손바닥에 새겼고, 예수님은 우리를 기다리십니다.

세상이 기독교인을 원망하고 욕하고 멸시한다 하여도 한번 예수 이름으로 영접하고 성령으로 거듭난 우리는 일평생 하나님이 책임질 사람입니다.

걱정하지 말아요. 염려하지 말아요. 기죽지 말아요.

승리는 우리 것입니다.

여러분은 악한 자가 손대지 못할 예수님의 사람입니다.

따라서 해요.

"예수 믿는 일이 내 평생 최고의 축복이다."
아멘

예수님 마음 닮아라

(행13:44－45)

사단은 우리를 도적질하고 죽이고 멸망하러 왔지만, 예수님은 우리에게 생명을 주고 넘치도록 풍성하게 하려 하십니다.

예수님은 죄인을 변하여 의인되게 하시고 가난한 자 부하게 약한 자 강하게 하시는 예수님의 마음은 지금도 변함이 없습니다.

예수님은 아무도 쫓아내지를 않습니다.

탕자가 돌아올 때는 먼저 알고 달려오셨잖아요.

오늘 아침에는 우리 이 마음으로 그리스도 예수님 마음을 품고 세상 살아갈 때 승리하는 하루가 되시기를 축복합니다.

본문은

안식일 이방인들이 하나님 말씀 들으려고 사모하는 마음으로 회당에 가득 모였고, 강사는 사도 바울이었고 구원의 증거는 강력하게 나타났고 성령의 표적은 뜨겁게 보였는데, 정작 이 구원의 일을 넓게 펴고 장려하고 일으켜야 할 유대인들은 시기하고 질투하고 변박하고 변명하는 두 마음들이 공존함을 말씀합니다.

여러분은 예수님의 약속을 믿는 사람입니다.

우리는 하나님의 약속 속에 담겨 있는 하나님의 성품을 알고 닮아가려고 몸부림칩니다.

자신을 쳐서 복종하게 하기도 하고 마음에 일어나는 탐심과 시기와 질투를 과감하게 버리고 날마다 죽는 것 같은 마음으로 달려가는 것은

우리 안에 예수님의 마음을 닮고 있기에 그렇습니다.

우리는 이 땅에 하나님 나라가 왕성하게 일어나고 하나님의 역사가 강력하게 나타나면, 우리는 박수치고 전도인들이 나가서 전도하여 한 생명 건지면 우리는 기뻐하고, 사랑하려는 마음이 가득함은 우리는 예수의 마음을 닮아가는 증거입니다.

예수님의 사랑이 있기에 죄인은 주님께로 돌아오고 예수님의 부르심이 지명함이 있기에 우리는 성령의 감동, 성령의 인도하심으로 예수님께로 달려 나오잖아요.

우리는 나 위하여 십자가 지신 예수님을 사랑합니다.

예수님의 일이 왕성하게 일어나는 것을 우리는 기뻐합니다.

예수님의 나라가 왕성하고 예수님의 구원이 땅 끝까지 이르러 예수님의 열매가 맺어지는 것을 우리는 기뻐하잖아요.

우리는 우리 마음대로 살지 않습니다.

우리는 예수님의 마음과 예수님의 말씀을 기준하여 예수님 원하시면 무엇이든지 예수님 의도대로 살아가는 예수님의 승리를 우리는 찬양합니다.

우리는 우리 마음에 탐심이나 욕심이 가득하나, 예수님의 것을

예수님 앞에서 인정하고 감사하는 여러분은 그 안에 예수님의 성품으로 주장하고 예수님의 일을 하려는 마음이 가득한 여러분은 복이 있습니다.

오늘은 아직도 내 마음에 탐심이 원망이 불평이 가득하여도 주일마다 성전으로 달려가서 오직 하나님의 말씀 그 말씀을 듣기 위하여 찾아가는 여러분은 복 있습니다.

그 말씀이 우리를 변하게 하실 것이고, 그 말씀은 곧 예수님 말씀이기에 예수님이 친히 나타나셔서 예수님의 일을 하기에 부족함이 없도록 예수님은 감동케 하십니다.

여러분은 예수님의 일을 하실 하나님 나라에 없어서는 절대로 안 될 예수님의 사람입니다.

■■따라서 해요.

> "나는 날마다 말씀으로 변화되어 가는 복을 받을 사람입니다."
> 아멘

46 | 복 받을 사람으로 시인하라

(행13:46)

 하나님은 영이십니다.

우리의 시력이 아무리 밝아도 하나님은 눈으로 볼 수는 없습니다.

하나님은 우리에게 하나님의 형상을 닮게 하셨고 온 땅을 다스릴 수 있는 권세를 주셨지만, 우리 조상 아담은 에덴에서 범죄 할 때 하나님의 형상도 능력도 생육함도 번성함도 모두 다 사단에게 빼앗겼습니다.

행복의 에덴에서 쫓겨난 인생들에게 율법을 주셨지만 율법은 우리를 죄 짓게 하였고 어느 누구도 율법에서 구원 받을 수는 없었습니다.

하나님이신 예수님이 여자의 후손으로 말구유에 탄생하셨고 예수님은 죄 없으신 하나님의 어린 양으로 하나님께 드려졌고 하나님은 누구든지 십자가에 생명을 주고 물과 피를 흘리신 예수님을 믿는 자들에게는 영생을 주셨고 죄악을 용서하여 주셨고 축복과 행복의 에덴동산으로 돌아가게 하셨습니다.

예수를 믿는 자에게는 생명의 떡을 먹게 하셨고 생명의 과일을 먹게 하시므로 누구든지 예수님을 영접하고 예수 이름을 믿는 자에게는 하나님 자녀가 되게 하셨고 우리는 하나님을 아바 아버지라고 부르고 우리는 죄 사함 받았고 영생을 얻었습니다.

우리는 예수님을 잊을 수 없고 떠날 수가 없는 것입니다.

본문은

이 영생의 예수를 버리기로 자처한 유대인들을 버렸다는 바울의 설교 말씀입니다. 여러분은 점점 더 예수님께 나갈 사람입니다.

여러분은 예수님의 약속을 믿고 예수님의 영생을 믿습니다.

우리는 죄 사함 받고 구원을 얻었고 영생을 가진 자이기에 값없이 주신 예수님의 보혈의 권세를 평생 잊지 못하고 예수님을 사랑합니다.

우리는 예수님의 약속을 떠나서는 아무것도 할 수 없음을 알고 있기에 예수님의 약속을 버리지 않습니다.

우리는 영생 얻기에 합당한 자로 자처합니다.

하나님의 복으로 누릴 사람이라고 우리는 고백합니다.

오늘 아침도 성전에서 고백하였습니다.

예수님 때문에 행복할 사람이고 예수님 때문에 죄 사함 받고 예수님 때문에 영생을 얻었으니 우리는 예수를 믿어도 더 잘 믿을 것이며 예수님을 따라가기로 약속했습니다.

우리 앞에는 시냇가가 기다리잖아요.

쉴만한 시냇가와 푸른 초장이 준비되었습니다.

사망의 음침한 골짜기에 다닐지라도 주님의 손이 나를 안위하시고 주님의 막대기와 지팡이로 우리를 보호하시고 잎사귀도 마르지 않고 그 행사가 다 형통할 사람이기에 우리는 내 주를 가까이 하기를 꿈에도 소원인 사람입니다.

여러분은 창대할 사람입니다.

두고 보십시오. 성령이 동행하시고 일점일획이라도 불변하는 하나님의 약속 바라보고 내일을 포기하지 않고 잘될 사람으로 자처하시는 여러분은 복 있습니다.

여러분은 날마다 시인하잖아요.

나는 평생에 예수님의 복을 받을 사람이라고요.

오늘의 답답함과 캄캄한 절망의 자리에서도 예수님의 약속 바라보고 예수님의 능력을 믿는 승리할 그날이 우리를 위하여 달려오고 있잖아요.

오늘의 조그만 문제 앞에서 포기하지 말아요.

여러분은 반드시 일어설 사람입니다.

따라서 해요.

"나는 함부로 살아갈 사람이 아닙니다."
아멘

47 | 자신을 부흥해라
(행13:47—52)

십자가 지시고 **죽었다** 사흘 만에 다시 살아나신 우리 주 예수님은 우리를 사랑하십니다.

우리 이름을 손바닥에 새기고 우리를 위하여 지금도 보좌 우편에서 우리를 위하여 기도하십니다.

예수님은 우리의 사랑과 존귀와 영광을 받기에 합당하고, 예수님은 우리의 영혼을 책임질 하나님입니다.

고난당하시고 죽으시고 피 흘리심도 하나님은 죄인을 위하여 희생하셨고 하나님은 우리를 사랑하는 증거입니다.

십자가를 지실 때 그들을 위하여 기도하셨던 예수님은 오늘도 우리가 잘되기를 소원하십니다.

영혼이 잘되고 범사가 잘되고 강건하기를 소원하시기에 우리는 주님을 붙들고 주님의 인도하심을 선택하였습니다.

본문은

이방인들이 복음을 듣는 자리로 자신을 끌고 와서 그들의 영혼이 기뻐하고 예수님을 찬송하고 영생을 얻기로 작정된 이방인들이 구원의 자리로 달려와서 생명의 자리로 축복의 자리로 나온 사람들과, 비방하고 반대하는 영혼이 불행하고 멸망하는 자리로 찾아간 두 형태의 사람들을 말씀합니다.

여러분은 영의 생각으로 하루를 출발합니다.

육신의 생각은 썩어지고 멸망할 것이지만 영의 생각은 생명이요, 평안입니다. 여러분은 세상을 바라보지 않습니다. 세상이 아무리 여러분을 이끌어 유혹을 한다 해도 우리는 나의 영혼 끌고 썩어질 곳으로 달려가지 않습니다.

나의 영혼이 살아나고 나의 영혼이 잘되고 번성하고 창대할 축복의 말씀의 자리로 달려 나갈 사람입니다.

우리는 잠자리에서 일어나 주님 성전으로 달려 나가는 것도 내 영혼 잘되는 곳으로 나가고 싶어서 그렇습니다.

거룩한 주일 하나님께 예배에 마음과 정성을 다하여 하나님을 찬양하는 것도 하나님은 우리의 생명이요, 능력이요, 하나님은 우리의 주인이시기에 내 영혼이 잘되는 복 받는 자리로 나가는 것입니다. 나를 위하여 십자가 지신 예수님을 사랑합니다.

나의 모든 허물과 죄를 위하여 예수님이 십자가를 지셨고 예수님이 찔리심은 나의 허물 때문이요, 예수님이 상하심은 나의 죄악 때문이니 내 평생 예수님 위해 살리라.

예수님 위하여 헌신하리라. 예수님 위하여 죽으리라.

여러분은 지극히 작은 이웃 하나에게 하는 것이 곧 예수님께 하는 것이기에 지금 있는 그 자리에서 최선을 다하고 지금 있는 그 자리가 힘들고 어려워도 내 영혼 잘되는 내 생명 복을 받는 자리로 우리는 평생을 나갈 것입니다.

성령님이여 우리를 도우소서.

영의 생각으로 하루를 출발하게 하소서.

지금 앉은 자리가 육체를 즐겁게 하고 육체가 그리워하는 잘못된 자리에 머문다 할지라도 오늘 우리는 다시 일어나 내 영혼 잘되는 번창할 자리로 나갈 사람입니다.

오늘 일어나기로 해요. 우리!

내 영혼 어두운 지금의 자리에서 밝은 광명의 하나님의 자리로 나가기로 해요. 우리는 결코 뒤로 물러가 침륜에 빠질 자가 아니잖아요.

우리는 멸망 받을 사람이 아니잖아요.

우리는 성령의 능력을 소유할 사람이며, 예수의 흔적을 가질 시 냇가에 심겨진 나무처럼 점점 더 청청할 것이며, 삶의 더위가 다가와도 두려워할 사람이 아닙니다.

따라서 해요.

> "나는 가진 것은 없다 해도 내일의 희망은 있고 소망은 있는 사람입니다."
> 아멘

48

예수를 전염시켜라

(행14:1-7)

예수님은 포도나무요, 우리는 그의 가지입니다.

예수님은 자신을 믿는 믿음의 사람들을 자녀가 되게 하시고 누구든지 예수를 믿으면 예수님의 생명이 예수님의 능력이 예수님의 권세가 나무의 붙은 가지에 연결이 되어서 예수님과 또 같은 열매를 맺습니다.

가지가 나무를 떠나지 않으면 나무는 항상 그곳에 있습니다.

가지가 나무를 떠나면 아무것도 열매를 맺을 수가 없습니다.

나무는 가지를 위하여 존재하고 가지는 열매를 위하여 존재하는 특별한 관계가 되는 것입니다.

예수님은 좋으신 하나님이십니다.

구하는 자에게 좋은 것을 주시기 위하여 준비하시는 하나님은 우리 곁에 계십니다.

예수님은 세상 끝 날까지 우리와 함께 하시기 위하여 임마누엘 이름으로 오셨습니다.

예수님은 우리의 능력이 되십니다.

그러므로 예수를 믿는 믿음의 사람들에게는 똑같은 권세가 머물기에 예수의 표적이 나타나는 것입니다.

예수를 믿는 사람은 예수 이름으로 귀신을 쫓아내고 병든 사에게 손을 얹으면 병이 떠나는 이유는 예수님과 우리는 하나가 되었기에 예수님의 권능이 찾아오는 것입니다.

본문은

초대교회에 예수님의 이름의 표적이 나타나고 예수의 권세가 나타날 때에 하나님의 선민이라고 자처하던 유대인들이 처음으로 예수를 믿는 이방인들에게 악감을 품게 하였다는 말씀입니다.

이스라엘 정탐꾼 중에 10명은 온 백성을 원망하게 하였고, 통곡을 하게 하였고, 부정적인 마음을 전염시켰고, 여호수아와 갈렙만은 복음을 전염시켰습니다.

우리는 예수님을 사랑합니다.

허물과 추한 죄악을 대신 담당하셨고 예수님이 징계를 받음으로 우리는 평화를 누리고 예수님이 채찍에 맞음으로 우리는 병에서 나음을 얻었습니다.

예수님의 십자가에 달려 저주 아래 있었으니 우리는 평생을 살아도 저주와는 상관이 없으며 흉악한 사단의 저주의 결박에서도 묶일 사람 아닙니다.

여러분은 예수님의 약속을 믿잖아요.

모세가 광야에서 뱀을 높이 들고 장대에 달았던 것처럼 달려진 놋뱀 쳐다보는 자가 죽음에서도 다시 살아난 것처럼 십자가에 달리신 예수를 바라보는 자는 죄의 죽음에서도 죽지 않고 살아나는 이유를 여러분은 믿으시잖아요.

예수를 전염시키시는 여러분은 예수님이 동행하십니다.

가시는 곳마다 원망과 불평은 없애고 복음의 소망 기쁨을 널리 알리고 전염시키는 축복의 사람이 여러분입니다.

주여 우리 입술을 지키소서.

주여 내 마음에 사단의 생각이나 육신의 악한 마음 버리고 성령의 생각 따라 성령으로 판단하고 성령으로 살게 하소서.

여러분은 예수님의 사랑을 품고 살아가는 사람입니다.

우리는 예수님의 축복을 나누어 주고 축복을 전염시키는 축복의 통로입니다.

여러분이 없으면 예수님 복음이 전염되지 않으며, 여러분은 예수님의 나팔이 되어서 길을 가도 예수님이요.

밥을 먹어도 예수님이잖아요.

우리의 가는 길에는 예수님의 향기가 가득할 사람이요.

여러분의 앉고 일어나는 자리마다 성령의 표적이 보이고 예수이름의 축복이 창대하게 열리기를 축복합니다.

■따라서 해요.

"나는 예수님의 복을 나누어 주는 축복의 통로가 될 사람입니다."
아멘

49

과거는 어떻게 살아도

(행14:8-10)

예수 믿는 사람들은 시냇가에 심겨진 나무 같고 아무렇게나 살아가는 자가 아니라 설 자리에 서서 주야로 하나님의 말씀을 묵상하는 그 행사가 다 형통할 축복의 사람입니다.

하나님은 그들의 목자가 되셨고, 그들을 위하여 푸른 초장 쉴만한 물가를 준비 하시고, 사망의 음침한 골짜기에서도 주님의 지팡이와 막대기로 막아주시고 가려 주시는 복 받을 하나님의 자녀이기에 과거에 어떻게 살았는지는 중요하지 않을 사람입니다.

하나님은 예수를 믿는 자의 과거 행위를 심사하고 학력이 가짜인지를 부정이 있고 땅 투기를 하였는지를 조사하지 않습니다.

누구든지 예수 이름을 믿고 영접하는 자를 하나님의 자녀가 되게 하셨습니다.

누구든지 지난날의 불행이나 아픈 과거의 일들을 들고 나설 필요가 없습니다.

예수님이 묻지 않을 이야기를 왜 자신이 꺼내어서 낙심하고 절망하고 좌절하나요.

본문은

과거에는 날 때부터 앉은뱅이였던 불행한 과거를 지닌 사람이 믿음의 사람 바울을 만나서 자신이 가진 믿음으로 자리에서 일어났다는 말씀입니다. 여러분은 하나님의 약속을 믿습니다.

하늘과 땅과 바다와 만유를 지으신 하나님이 우리 아버지시며 독생자 예수님은 나를 위하여 오심을 믿습니다.

아버지는 자녀의 모든 것을 책임지실 보호자입니다.

여러분은 지난날의 삶이 어떻게 살았고, 어떤 환경에서 어떻게 살았다 하여도 그것은 아무 문제가 아닙니다.

여러분은 믿음의 사람입니다.

우리는 약한 나를 강하게 하시고 가난한 나 부하게 하시는 예수님을 믿고 예수님을 찬양합니다. 예수님은 우리의 구주가 되십니다.

예수님은 우리의 지금의 믿음을 보시고 오늘의 사랑을 마음에서 발견하시고 지금의 용기와 담대함을 보시고 하늘 문을 열고 하나님의 능력을 부어 주시기를 원하십니다.

여러분은 하나님의 사랑을 받을 사람입니다.

세상은 여러분을 멸시하고 여러분을 조롱할지라도 예수는 우리 곁에서 우리와 함께 하시고 예수님의 이름이 임마누엘로 우리 곁에 찾아오셨습니다.

하나님은 이미 지난날의 허물과 모든 죄를 갚아 주셨고 우리의 모든 허물은 용서하셨고 우리의 저주는 십자가 나무 아래 달려서 청산하였으니 우리는 회개하고 방 안을 바꾸기만 하면 우리는 하나님의 복을 받을 사람입니다.

우리는 창대할 사람입니다.

누가 우리를 보고 멸시하나요? 누가 우리의 과거를 보고 비웃고 배우지 못하였고 가진 것 없다고 손가락질 하나요?

우리는 이미 예수 믿는 그날부터 모든 것 청산한 사람이며 우리는 그날부터 하나님이 책임질 하나님의 자녀이며 우리는 믿는 그날부터 성령 하나님이 우리를 붙드시고 천만인이 우리를 둘러치고 진을 친다 하여도 여러분은 꺼꾸러뜨림을 당하여도 망할 사람이 아닙니다.

사방으로 욱여싸도 쌓이지를 않습니다.

여러분은 다시 일어설 사람, 여러분은 다시 예수 붙들고 세상을 향하여 담대하게 일어나 좋으신 예수님을 위하여 영광을 돌릴 자입니다.

따라서 해요.

"나는 결코 뒤로 물러나 멸망과 침륜에 빠질 자가 아닙니다."
아멘

50 | 하나님을 알면 영혼이 잘된다

(행14:11−13)

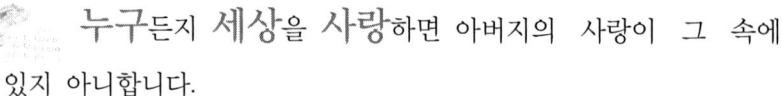 누구든지 세상을 사랑하면 아버지의 사랑이 그 속에 있지 아니합니다.

세상의 모든 것은 육신의 정욕과 안목의 정욕과 이생의 자랑이니 아무도 하나님의 사랑을 품을 수가 없습니다.

하나님은 성령으로 우리 안에 오셨습니다.

하나님은 우리를 하나님을 알게 하셨고 독생자 예수를 알게 하셨고 십자가 지신 예수님을 알고 예수를 믿고 예수님의 사랑을 알고 예수님을 위하여 죽어도 살아도 예수님을 위하기로 결심합니다.

예수님을 알고 나면 누구든지 예수님을 사랑하고 예수님을 바라봅니다.

예수님의 십자가의 사랑을 알면 예수님의 흘리신 보혈을 알고 예수님의 찔리시고 상하시고 채찍을 알고 예수님의 능력과 사랑을 알고 찬양하고 감사합니다.

본문은

예수 이름을 믿는 믿음의 앉은뱅이가 자리에서 일어나 자유의 몸을 본 이방 신상 쓰스신을 섬기는 제사상들과 마을 사람들이 바울괴 실라를 신으로 알고 제사를 지내려 소, 화관들을 순비하였다는 그들의 무지를 설명하여 주시는 말씀입니다.

하나님은 죄인들이 살고 있는 이 땅에 마리아의 몸을 통하여 성육신하신 예수님으로 오셨습니다.

하나님은 세상을 사랑하사 독생자를 주셨지만 그는 하나님이셨습니다.

하나님이 말씀하셨고 그 말씀을 이루기 위하여 세상에 사람으로 다시 오셔서 죄 값의 대가로 자신의 생명을 남기시고 피를 흘리시고 피 값이 죄인의 굴레에서 벗어나 자유케 하심을 알게 하셨습니다.

예수님은 하나님이셨지만 하나님과 동등함을 나타내지 않았습니다.

예수님이 하나님이시지만 하나님과 동등함을 고집하면 예수님은 죄 값을 지불할 사람이 되지 못하기에 예수님은 죄 값을 다 청산하실 때까지 예수님은 사람처럼 종처럼 낮아지고 죄인처럼 붙잡히시고 맞으시고 뺨을 맞으셨습니다.

예수님은 십자가에 못 박히심도 죄인의 죄 값을 대신 짊어진 죄수가 되어서 죽어야 하기에 예수님은 끝까지 죄인이 되셨습니다.

예수님은 완전히 죽었습니다.

옆구리에 물과 피가 나왔습니다.

백부장이 진단해 보니 예수님은 죽은 것이 증명되었습니다.

돌무덤에 장사 지냈고 죽음이 예수님을 인질로 잡고 예수를 믿는 믿음의 사람들을 자유케 하고 결박에서 벗어나게 질병에서 고침 받고 저주에서 아브라함의 복을 준비하셨고 승리하게 하기까지 예수님은 땅속에 죄인처럼 죽었습니다.

모든 것 다 청산하시고 예수님은 하나님처럼 다시 무덤을 열고 다시 하나님으로 살아나셨습니다.

그 예수님이 지금 우리 곁에 있습니다.

우리는 예수님을 사랑하고 예수님만이 우리의 자랑입니다.

약한 나를 강하게 가난한 나, 죄를 범한 나, 하나님의 자녀가 되게 하셨고 예수 이름으로 병 고쳐 주셨으니, 우리는 일평생 행복할 사람 성령으로 거듭난 구원받은 사람입니다.

오늘부터 삶의 무거운 짐은 예수님께 맡기고.

따라서 해요.

> "내 평생 예수님만 사랑할 사람입니다."
> 아멘

51

어찌하여 이러한 일을 하느냐

(행14:14 15)

하나님은 사랑이십니다.

하나님의 사랑은 세상을 사랑한 그 사랑입니다

하나님이 세상을 사랑한 그 사랑은 십자가에 못 박혀 죽음의 피를 흘리시고 생명을 죄 값으로 갚으시는 사랑입니다.

하나님은 그 사랑을 들고 동정녀 마리아에게 성령으로 잉태하셨고, 예수라고 하라는 그 이름은 하늘에서 지어 주셨던 이름은 예수입니다.

예수라는 이름은 우리의 죄를 우리의 죄에서 구원할 분이라고 말씀하신 예수님의 이름은, 또한 임마누엘 하나님으로 우리에게 영원토록 성령으로 오셨습니다.

하나님은 사람으로 오셔서 사람이 지은 어떤 죄도 갚을 수 있는 죄 값을 하나님이신 예수님이 하나님의 생명으로 사단의 요구하는 죄의 값은 사망이라는 말씀을 예수님은 이루시고, 이제부터는 누구든지 예수만 믿기만 하면 죄에서 저주에서 지옥에서 그 영혼이 거듭나 천국에서 하나님과 함께 살 수 있는 조건으로 자녀가 되어서 하늘나라에 거할 수가 있습니다.

하나님의 은혜는 무궁무진합니다.

하나님이 우리에게 은혜를 주신 것은 측량할 수 없고 하나님이 우리를 사랑하신 증거도 말할 수 없습니다.

그럼에도 우리는 때로는 알지 못하고 우둔하고 미련하여 하나님께 영광을 돌리지 못할 때가 많습니다.

본문은

그러한 인간들을 탄식하는 말씀입니다.

날 때부터 앉은뱅이를 일으켜 주었을 때 살아 계신 하나님 부르지 못하고, 사람에게 영광을 돌리려고 제사 지내려 하는 그들을 향하여 어찌하여 이런 일을 하느냐 라고 고함을 쳤던 것입니다.

여러분은 하나님의 능력을 체험한 사람입니다.

우리는 하나님이 하셨던 일을 알고 있습니다.

하늘에 비를 내리고 결실기를 주셨고 여름이 가면 가을이 오고 겨울을 준비하고 계신 하나님을 찬양합니다.

응답하셨고, 복을 주셨고, 삶에 풍성함을 주셨고, 아픈 몸 고쳐 주셨고, 가는 길에 천군 천사 지켜 주셨고, 행복 주셨으며 은혜 주셨던 하나님의 하신 일을 깨닫고, 하나님을 사랑하며 하나님을 위하여 살아가려고 몸부림치는 여러분은 복 있습니다.

비록 지금까지 하나님을 잊었고 하나님의 그 크신 은혜를 망각하고 어찌하여 그런 일을 하였느냐 책망을 이 아침에 듣는다 하여도 여러분은 다시 주님을 부를 사람이며 다시 주님을 사랑할 사람이기에 여러분은 하나님의 사랑과 풍성함과 은혜를 다시 누릴 사람입니다.

오늘부터 걱정하지 말아요. 염려하지 말아요.

오늘까시 응답 주셨고 결실기를 주셨고 지키신 하나님이 앞날에도 인도하시고 지키실 줄 믿으시길 바랍니다.

더 큰 일들을 우리에게 맡기시고, 더 큰 은혜를 주셔서 하나님을 증거하게 하실 하나님을 찬양합니다.

따라서 해요.

> "나는 참 행복할 사람입니다."
> 아멘

52

묵인하시는 것 같아도 일하신다

(행14:16 — 18)

모세가 광야에서 뱀을 든 것처럼 예수님도 십자가에 높이 달리셔야 하였던 것은 예수님을 믿는 사람들에게 죄 사함과 죄 용서를 하시기 위함이며, 예수님을 믿는 자들의 영혼이 거듭나서 하나님의 영으로 하나님의 능력으로 새롭게 지어진 피조물이 되어서 하나님의 자녀로 다시 태어나서 영생을 얻게 하려 하심입니다.

하나님은 멀리 계시지 않습니다.

하나님은 바로 우리 안에 성령으로 오셔서 좌정하시고, 우리 안에 성전 삼고 계시는 하나님은 살아 계신 전능하신 하나님이십니다.

그러므로 오늘 아침 우리의 기도가 상달되었고 우리 안에 계신 하나님이시기에 우리의 모든 것을 아시고 모든 것을 들으셨고 오늘 좋으신 하나님께서 우리의 소원을 이루십니다.

하나님은 변함이 없습니다.

창세부터 지금까지 예수님은 어제나 오늘이나 영원토록 변함이 없이 예수님은 우리의 대제사장이시며, 우리의 모든 허물과 죄를 담당하시고 책임지실 하나님이십니다.

예수님은 일점일획도 변함이 없으신 예수님의 말씀을 주셨고, 예수님의 말씀을 믿는 자들에게 찾아오는 표적을 예수 이름의 권세로 나타내시고, 예수님을 믿는 우리에게는 뱀과 전갈을 밟아 버리고 원수의 모든 능력을 제어할 능력을 우리에게 주었기에, 귀신이 항복하고 사단이 벌벌 떨고 우리를 해할 자가 결단코 없게 하셨습니다.

본문은

우리가 마음대로 살아도 하나님이 묵인하시고 계신 것 같아도 하나님은 결코 가만히 있지를 않았습니다.

하늘에 비를 내리시고 결실기를 주셨고 바람을 주셨고 태양을 비춰 주셨으며 하나님의 사랑을 우리 안에 주셔서 예수님의 십자가 사랑을 알게 하셨고 예수님의 능력을 말씀을 통하여서 알게 하셨습니다.

우리는 십자가에 못 박혔다가 사흘 만에 다시 살아나신 예수님을 사랑합니다.

예수님은 우리의 모든 삶에 보고만 계시지 않습니다.

자기를 증거하신 것처럼 예수님을 나타내십니다.

깨닫지 못하는 자에게는 알게 하시고 보여 주십니다.

여러분은 사명의 자리로 돌아오잖아요.

우리는 하나님을 만지고 보았기에 하나님의 하시는 모든 일에 우리가 부인하지 못함은 하나님은 일하시기에 하나님은 우리 편이시기에 우리는 부르짖습니다.

여러분은 사단을 알고 있습니다.

도적질하고 죽이고 멸망시키는 사단의 흉악한 궤계를 알고 있기에 우리의 영적 잠에서 일어나 무릎을 꿇습니다.

가라지 씨앗을 심으려고 다가오고 있기에 우리는 오늘 정신을 차리고 주님을 바라봅니다.

여러분은 안일하고 태만할 때 사단은 내가 알지 못할 그 시간에 가라지 씨앗을 들고 오고 있다는 것을 알기에, 살아 계신 예수 이름 들고 오늘 새벽에도 성전에 찾아가 예수 이름으로 마귀를 물리치고 왔잖아요.

우리는 철저하게 사명을 감당하려고 몸부림칩니다.

심는 대로 거두시는 하나님을 알기에 우리가 알지 못하는 시간에 하나님은 우리를 위하여 복을 준비하시니 우리는 그 복을 받아 누릴 행복할 사람입니다 .우리는 반드시 일어설 사람입니다.

우리는 반드시 주님의 축복을 쟁취할 것입니다.

좋으신 하나님은 우리에게 좋은 것을 준비하십니다.

■ **따라서** 해요.

> "나는 존귀한 복덩어리 같은 사람입니다."
> 아멘

53

예수님은 버리지 않으신다

(행11:19-22)

예수님 골고다 언덕, 십자가 지시고 넘어지고 자빠질 때 아무도 예수님 십자가 들어 드리고 힘이 되어 붙들어 줄 사람 한 사람도 없었습니다.

채찍소리만 요란하게 들릴 뿐 아무도 십자가를 대신 질 사람 없었을 때 고향에 다녀오는 구레네 시몬 불러서 억지로 십자가를 지고 가게 하였던 것입니다.

하나님은 십자가 지고 죽으러 오셨습니다.

죄인이 죄의 자리에서 나오려면 자유함을 얻고 용서받으려면 반드시 흠 없고 티 없는 제물을 드려 화목제로 하나님에게 드려야 한다고 하나님이 말씀하셨기에, 이 땅에는 의인은 없나니 하나도 없었고 아무도 원수 된 하나님과 인생들의 어린양의 자격자는 아무도 없었기에, 하나님 자신이 성령으로 이 땅에 오셔서 하나님의 어린양으로 하나님께 십자가의 못 박혀 죽어야만 그를 믿는 영혼들을 구원할 수가 있었던 것입니다.

예수님은 누구의 권유에서 십자가 지신 것 아닙니다.

예수님은 목숨을 버릴 권세로 목숨을 버린 것이고 희생된 생명입니다.

그러므로 예수님을 알고 믿는 자들은 예수님을 위하여 목숨을 내어 걸고 살아가는 것입니다.

본문은

회개하고 영의 눈이 열리고 예수님을 위하여 복음의 전도인이 되었던 사도 바울이 이방 신상을 섬기는 그들에게 예수님을 소개하다가 돌에 맞아 죽은 것 같은 정도로 맞았다가 다시 살아나서도 하나님 나라에 들어가려면 많은 환란을 받아야 할 것이라고 말씀한 말씀입니다.

여러분은 예수님을 알고 믿습니다.

볼지어다.

우리는 세상 끝 날까지 우리와 항상 함께 하신다는 예수님을 잊지 못합니다.

성령으로 잉태하셔서 30년의 시간을 인간처럼 부모님을 섬기고 3년의 공생애를 통하여서 이 땅에 하나님의 모습을 나타내셨을 때 사람들은 예수님을 이단이라고 귀신 들렸다고 비방하였던 것입니다.

예수님은 십자가에 죽으셨지만 예수님은 조금도 우리의 죄 때문에 대신 십자가에 제물이 되어야 함에 한마디도 원망하시지 않았습니다.

우리를 향하여 조금도 불평하시지 않았습니다.

이마에 땀이 피 방울이 되고 허약하신 예수님은 물을 만드셔도 목이 말라 마지막까지 물과 피를 흘리고 십자가 위에서 인간의 예수님으로 삶을 마치셨습니다.

돌무덤에 묻혀야 하였습니다.

예수님은 인간처럼 똑같이 장례식을 지렀습니다.

사흘간의 침묵 시간은 예수님이 친히 말씀하셨기 때문에 무덤에서 말씀을 다 이루셨습니다.

사흘 후에 예수님은 사망 권세의 사단을 향하여 그 권세 깨트려 버리시고 살아나신 예수님을 사람이 아닌 하나님 예수님으로 살아 나셨습니다.

사단은 심판받고 거짓말쟁이로 전략하게 되었습니다.

여러분은 이제 예수님 위하여 살아갈 사람입니다.

우리는 오직 예수님 위하여 그 영광 위하여 예수님의 사명 위하여 아골 골짝 빈 들까지 복음 들고 나갈 여러분은 복이 있습니다.

따라서 해요.

"나는 세상을 살아갈 가치가 있는 사람입니다."
아멘

54 | 할 일이 있는 사람

(행14:23 – 28)

깊은 산속 이름 없는 들꽃 한 송이도 사명이 있고 할 일이 있다면 예수님의 영으로 거듭난 우리는 하나님 위하여 할 일이 있습니다.

하나님은 우리에게 할 일을 주셨지만 때로는 감당하기 어렵다고 포기하여서 그렇지, 하나님은 하나님의 자녀에게 할 일을 주심은 반드시 상급 주시기 위함이며 하나님은 심는 대로 거두시게 하시기 때문입니다.

하나님 위해 할 일이 없으면 그는 상급이 없고 하나님의 관심에서 벗어난 자입니다.

하나님은 우리의 중심을 보십니다.

하나님은 우리의 중심 속에 열매를 보고 그들을 알고 열매를 기다리고 열매 보시고 상을 주십니다.

그 중심에 하나님을 위한 사명이 거짓인가 진실인가를 파악하시고 외식과 가식을 버리게 하십니다.

예수님은 우리 안에 오셔서 좌정하시고 예수님의 형상을 닮고 예수님의 사랑을 나타내는 통로로 축복의 통로로 사명자를 사용하십니다.

예수님은 우리를 통하여서 예수님의 하실 일을 하시고 예수님의 하신 일을 예수님을 믿는 자들에게는 그보다 더 큰 일도 할 수가 있다는 것은, 예수님은 세상에서 십자가 지시고 죽으셔도 사흘 후에 사망 권세 깨뜨려 하늘나라 승천하시고 우리에게는 보혜사 성령님이 오시며 예수님이 하신 일보다 더 큰 일을 할 수 있다고 하심은 우리 안에 예수님이 성령으로 오셔서 예수님 사명을 다하게 하시고 예수님을 위하여 살게 하심입니다.

본문은

돌에 맞아 죽은 자처럼 되었다가 다시 일어나 각 교회마다 장로들을 세우고 성도들의 믿음을 든든하게 하였다는 말씀입니다.

하나님은 할 일 있는 자는 고쳐 주시고 하나님 나라를 위하여 할 일 있는 사람은 풍성하게 하실 것이며 할 일 있는 사역자는 죽지 않게 하십니다. 죽을병이 걸려도 하나님은 사명 깨닫고 다시 살리시고, 실패하고 부도날 위기에서도 사명자의 기업을 다시 회복시키시는 우리 하나님을 찬양합니다.

여러분은 이미 예수님의 할 일이 많은 사람입니다.

여러분은 하나님이 주신 지혜의 은사를 들고 복음을 전하고 하나님의 지식 들고 나가 가르치고 성령의 인도하심은 여러분처럼 할 일 있는 자들을 위하여 비춰 주시는 하나님의 선물입니다.

주여 할 일이 더 있게 하소서.

주여 가정에서 교회에서 직장에서 할 일이 보이게 하소서.

사명 감당하게 하소서.

여러분은 게으르고 나태함에서 벗어난 사람입니다.

비록 지금은 주님 위해 할 일 없이 놀고 있다 하여도 오늘 주님은 여러분 안에 오셔서 할 일을 알게 하시고 하나님은 여러분을 통하여서 영광 받으시고 성령의 충만함을 우리 안에 가득하게 하셔서 우리로 믿음의 상급을 예비하시고 믿음의 능력을 준비하여 할 일 있는 여러분들을 높이 세워 주실 것입니다.

따라서 해요.

"나는 부자로 살아야 할 사람입니다."
아멘

55 증거가 있어야 한다

(행14:27-28)

예수님은 어제나 오늘이나 영원토록 변함이 없습니다.

예수님은 하나님과 동등함을 인정치 않으시고 사람처럼 종처럼 낮아지시고 뺨을 맞고 십자가에 달려 못 박혀 죽으심은, 예수님은 인생의 죄악 깊은 곳까지 찾아오셔서 누구든지 예수님을 믿는 자들의 죄 값을 청산하셨고 영생을 주시기 위함입니다.

모세가 광야에서 뱀을 든 것처럼 골고다 언덕 높은 곳 십자가에 달리셔야 하셨습니다.

예수님을 사람들은 귀신 들렸다고도 하였고, 안식일을 범하는 율법의 불이행자라고 핍박을 하였고, 하나님을 아버지라고 한 사건에 그들은 믿지 못하고 십자가에 못을 박았습니다.

예수님은 장사한 지 사흘 만에 무덤을 열고 사망에 메여 있을 수가 없어서 하나님은 예수님을 성령으로 다시 살리셨고 예수님은 하나님으로 다시 살아나셔서 하늘에 승천하셨습니다.

본문은

예수님이 함께 행하신 일들과 이방인들에게도 예수님의 약속을 믿기만 하면 믿음의 문을 열어 주셨고 믿는 자들에게는 이런 표적을 주신다는

예수님의 말씀을 이 땅에 이루시는 예수님을 많은 사람들에게 알리고 간증하면서 오랫동안 함께 하였다는 바울의 간증입니다.

여러분은 주님을 바라보는 주바라기 같습니다.

우리는 세상이 아무리 유혹한다 하여도 세상으로 끌려 나갈 사람 아닙니다.

비록 잠시 주님을 떠났다 하여도 우리는 다시 회개하고 예수님께로 돌아올 사람입니다.

부활하신 예수님이 우리 안에 머물고 계신 증거를 말할 수 있는 사람입니다.

여러분은 예수님을 영접하고 의지하고 믿은 후로 주님이 베푸신 하나님 은혜의 증거가 있습니다.

여러분은 날마다 예수님의 은혜를 인정하고 하나님께 감사하는 여러분은 앞으로 더욱더 예수님의 증거가 많을 축복의 사람입니다.

우리는 하나님을 사랑하는 사람입니다.

하나님을 사랑하는 것은 하나님의 말씀을 의지하고 독생자 예수 그리스도를 섬기는 것입니다.

예수님은 사모하는 자의 영혼을 만족하게 하십니다.

예수님은 우리 안에 오셔서 우리 안에서 예수님의 성전을 지으시고 성령으로, 예수님은 우리 안에 오셔서 우리의 경배를 받으시고 우리의 기도를 들으시며, 우리에게 예수님 믿음의 증거를 주십

니다.

오늘의 삶에 예수님이 보이지가 않나요?

아무 증거도 없나요?

약속하신 예수님은 반드시 나타나실 것이며, 반드시 찾아오셔서 여러분 곁에 여러분 안에 증거를 주실 겁니다.

주여 오늘 병이 떠나는 증거를 주시옵소서.

주여 흉악한 결박에서 질병에서 오늘 자유케 하소서.

이제는 아무 걱정하지 말아요.

오늘부터 주님만 바라보기로 하고 말씀을 붙들고 장차 여러분은 세상에서 큰 일을 감당할 사람입니다.

따라서 해요.

> "나는 건강해야 할 이유가 있는 사람입니다."
> 아멘

56 | 모든 것을 예수로 판단하라

(행15:1-5)

사람은 외모를 중시한다면 하나님은 중심을 보십니다.

하나님은 영이십니다. 사람의 눈으로 하나님을 볼 수는 없습니다.

하나님은 하나님을 자연 만물에 인간역사에 일어나는 사건 속에 하나님의 하시는 일을 나타내십니다.

하나님은 자신을 그가 만드신 만물에 분명하게 보이시고 아무도 하나님이 없다고 핑계치 못하게 하셨습니다.

사람은 누구나 그 하나님 앞에 벌거벗은 듯이 드러나 자신의 일을 직고하여야 합니다.

아무도 모르는 허물과 죄악은 세상의 어떤 방법으로도 용서를 받을 수가 없었습니다.

아무도 인간을 구원할 능력이 없었고, 아무도 사람을 죄악에서 건져낼 의인은 하나도 없었습니다.

누가 누구의 죄 값을 대신 짊어질 의인이 아무도 없었습니다.

죄의 값을 지불할 하나님의 화목제물은 흠이 없고 죄가 없는 깨끗한 제물이 아무도 없었습니다.

지금으로부터 이천여 년 전에 하늘에서 성령으로 잉태하신 하나님의 아들 예수 그리스도가 탄생하셨고, 그 이름을 예수라고 하니 자기 백성을 저희 죄에서 구원할 자임을 온 천하에 알리고, 동방박사 예물 들고 경배하게 하셨고, 밤에 양치기 목자들에게 찾아오셔서 하늘에는 영광이요 땅에서 기뻐하심을 입은 자만이 누릴 평화를 들고 예수님이신 하나님이 죄악 세상 마구간에 오셨습니다.

구원은 오직 예수 그리스도의 십자가의 구속의 은총으로 하늘나라에 기업을 얻을 수가 있으니 우리는 구원받은 예수님의 자녀입니다.

본문은

구원의 진리를 예수님이 아닌 다른 모세의 할례를 외치고 이방인들에게도 율법을 통하여서 구원의 도리를 말하는 사람들과 바울과의 큰 다툼의 문제를 예루살렘 사도들에게 질문하러 보내는 말씀입니다.

여러분은 하늘에 지혜를 담고 살아가는 형통할 사람입니다.

우리는 예수님과 동행하는 동행자입니다.

십자가 직분 감당하고 사명 감당하는 힘도 예수님과의 동행에서 얻어지는 것이며, 예수님의 붙드심에 산 소망을 가슴에 안고 예수님의 사랑을 나타내는 여러분은 사랑주고 사랑 받기 위해 태어난 하늘에 사람입니다.

여러분은 말씀을 배우고 예수님의 말씀 속에서 영생을 알고 예수님의 능력을 체험할 사람입니다.

할 수 있거든 이 무슨 말이냐고 질문할 사람이며, 예수와 함께 서서 걸어가는 여러분은 능치 못함이 없다고 외칠 말씀의 사람입니다. 우리는 예수로 판단을 하고 예수님의 말씀으로 결정할 예수의 사람이며, 어디를 보아도 예수님의 형상이 나타날 축복의 사람입니다.

비록 지금은 잠시 예수님을 잊은 것 같고 예수님을 모르는 사람 같아도 여러분은 성령이 그 안에 머물고 성령의 능력을 체험하였고 성령으로 판단할 사람입니다

두고 보십시오. 성령님은 여러분은 그냥 보고만 계시지 않습니다.

반드시 병 고쳐 주실 것이며 넘어진 그 자리에서 일어나게 하실 것이며 실패의 자리에서 다시 주님을 바라보게 하시고 예수님의 형상 입고 다시 십자가 짊어지고 주님께로 나올 여러분은 복이 있습니다.

걱정하지 말아요. 낙심치 말아요. 아무것도 두려워 말아요.

여러분의 판단은 결코 흐려지지 않습니다.

예수님의 말씀을 손에 들고 세상을 나가 세상 사람들에게 예수님을 소개하고 문제 앞에서 결정할 때, 예수님의 말씀을 기준으로 판단하는 사람이 여러분이잖아요.

따라서 해요.

> "나는 주님의 일 하기 위하여 오래 오래 살아야 할 사람입니다."
> 아멘

57

하나님을 시험치 말라

(행15:6-11)

    예수님 십자가 **못 박혀** 죽었다가 사흘 후에 무덤을 열고 다시 살아 나셨다는 사건은 당시 사람들에게는 엄청난 충격을 남겼던 대사건입니다.

예수님은 평범한 아이처럼 요셉의 가정에 자라서 동네 사람들도 어린 예수님을 다 알고 다 보았고, 그 예수님이 이단자로 몰려 십자가에 처형을 당하였고 장사까지 지냈을 사건과 누구나 알고 있는 예수님의 무덤을 보았던 그 무덤을 예수님은 열어 버렸고 사망 권세가 아무리 강하고 무섭다 하여도 돌문 열고, 하나님으로 다시 예수님이 살아날 때부터 세상 어두움의 주관자 사단은 벌벌 떨었고 사단은 예수 앞에서 심판을 받았고 들고 있던 에덴동산, 아담에게 속여 빼앗았던 지배권을 예수님에게 빼앗기고, 이제는 거짓말쟁이로 전략하여 두루 다니며 도적질합니다.

우는 사자같이 삼킬 자를 찾고 다니지만 실상은 묶여진 사자 같은 공갈 협박을 일삼는 거짓의 아비가 되었습니다.

우리의 구원은 오직 그 예수님의 공로로 죄 사함 얻었고 예수님께 붙은 자만이 부활의 영광에 참여할 자격이 주어진 것이니 예수님과 함께 자고 함께 살아가는 사람들은 구원의 자리까지 영생의 자리까지 나갈 권리가 주어진 예수님의 자녀가 된 사람입니다.

본문은

예수 십자가의 구원의 진리가 가득하고 하루에도 수없는 이방인들이 예수 앞으로 나와서 하나님을 영접하고 예수님을 믿는 그때에 엉뚱한 할례를 받아야 하고 율법을 주어야 한다는 다른 복음을 전하는 유대인들을 사도 베드로는 "하나님을 시험한다"고 하는 설교 말씀입니다.

여러분은 세상에서 가진 것이 없다 하여도 실상은 부자입니다.

천지를 만드셨고 인생의 생사화복을 주관하시는 예수님, 그 이름을 가진 자는 실상은 모든 것을 다 가진 자입니다.

여러분은 지금 눈에 보이지 않는다고 슬퍼하지 않습니다.

지금 고침 받지 못하였다고 낙심하지 않는 사람입니다.

여러분은 살아나신 예수 이름을 소유한 사람이기에 우리는 내일은 고침 받고 승리할 줄 믿기에 그렇습니다.

우리는 예수 이름의 권세를 가진 사람 아닙니까?

맞습니까? 할렐루야!

우리는 결코 세상에 눌려서 살아갈 사람 아닙니다.

여러분은 결코 아무도 여러분을 멸시할 수 없는 예수 이름을 가진 능력의 사람입니다.

여러분은 뱀과 전갈을 밟으며 사단 마귀 원수의 모든 능력을 제어할 권세가 이미 예수님 믿을 때 주어졌습니다.

아직 꺼내어서 사용하지 못한 것에 불과한 것이지 여러분은 담대할 사람이며 오늘의 현실에 문제를 보고 뒤로 물러가 슬퍼하고 절망하고 포기할 사람 아닙니다.

누가 우리를 보고 비웃고 누가 여러분 보고 멸시하나요?

아무도 우리를 무너뜨릴 사람 없습니다.

아무도 우리를 넘어지게 할 사람 없습니다.

여러분은 하나님의 약속을 믿음으로 오늘까지 살았고, 여러분은 오직 예수님의 이름의 권세를 의지하고 여기까지 살았으니, 우리는 장차 성공의 문을 열고 예수님을 높이고 예수님만 사랑하는 축복의 사람입니다.

다시 힘을 모으시고 마음에 담으십시오.

다시 일어나십시오.

예수님은 여러분의 편입니다.

예수님은 결코 우리를 쫓아내시지를 않습니다.

예수님은 결코 우리를 원망하고 나무라지 않으십니다.

우리는 다시 일어설 수 있는 믿음이 있고 능력이 있고, 다시 바라볼 꿈과 이루지 못한 비전이 우리를 기다리고 있잖아요.

따라서 해요.

> "나는 세상에서 잘 되어야 할 사람입니다."
> 아멘

58 | 신앙의 주인공

(행15:12−21)

예수님을 사랑하시나요?

예수님은 우리 안에 오셔서 성전 삼고 성령으로 말씀하시고, 성령으로 우리를 주관하시고 성전 삼고, 오늘도 하나님의 일들을 하려고 하나님의 종들을 찾고 계십니다.

결혼식장에 가면 주인공이 있는 것처럼 신앙에도 주인공이 있으니 하나님의 일하심에 사용될 주인공을 하나님은 오늘도 찾으십니다.

하나님은 하나님의 일을 하시려고 하나님의 사람을 부르시고, 하나님의 말씀이 있는 곳에 하나님의 임재하심을 나타내시고, 하나님의 능력을 알게 하셔서 하나님의 표적을 보이십니다.

독생자 예수님은 이름이 임마누엘입니다.

하늘에서 성령으로 잉태하셔서 낮은 자리 마구간에서 해산하시고 십자가 지시고 죽으셨지만 다시 부활하심은 예수님은 죄인이 아니라 의인이시며 의인의 첫 열매인 부활의 증거를 가졌습니다.

예수님은 처음부터 우리와 함께 하시기 위하여 오셨습니다.

예수님은 죄악 된 저주 아래 있는 인간 세상에 있는 행복의 에덴동산에 생명과를 들고 오셨습니다.

회개하고 세례를 받고 예수님을 구주로 영접하고 예수님의 그 이름을 믿는 사는 누구든지 **하나님을 아바 아버지라고 부를 수 있는 자녀가** 되게 하셨습니다.

본문은

돌아온 이방인들을 율법으로 무겁게 하지 말고 음행과 우상을 멀리하라고 하는 편지를 보내기로 결정하는 자리에서 하나님이 나타나신 증거에 표적을 바울과 바나바에게 역사하신 일을 입증하여 누구든지 예수를 믿으면 구원받을 수 있는 증거가 하나님이 사용한 주인공 바울과 바나바였습니다.(12절)

여러분은 예수님의 말씀을 듣고 회개하고 세례 받고 하나님의 자녀가 되었습니다.

우리는 예수님을 믿어도 잘 믿을 사람이며, 하나님이 사용할 신앙의 주인공이 될 그릇입니다.

여러분은 사명 감당하기를 몸부림치는 것도 하나님 나라의 주인공이 되기를 바람이며, 우리는 섬기는 교회에서 기도에 제일 먼저 앞장서서 봉사와 충성과 헌신에 주인공이 될 축복의 사람입니다.

예수님은 주인공 될 사람을 찾습니다.

예수님은 예수님이 계신 사람을 찾아서 예수님의 일을 맡기고 예수님의 능력을 나타내기를 원하십니다.

여러분은 예수님의 성품이 가득한 사람이요.

예수님의 일할 큰 그릇으로 준비하고 하나님의 사랑을 준비하는 여러분은 예수님의 주인공이 될 사람입니다.

걱정하지 말아요.

가진 것 없어도 배운 것 없어도 주인공 될 수 있습니다.

비록 지금은 예수님을 떠났다 하여도 돌이키고 회개하고 성령 받으면 예수님이 사용하는 주인공 될 수 있습니다.

병들어도 멸시받고 천시 받아도, 오늘 예수님만 바라보면 예수님 붙들면 여러분을 주인공 삼습니다.

예수님은 지난날 어떻게 살았는지를 묻지 않습니다.

예수님은 예수님의 성품을 닮고 예수님의 말을 하는 사람을 예수님은 찾습니다.

여러분이 높이는 예수님은 하나님이시기에 우리의 중심을 바라보시고 예수님의 그릇이 누구인가를 아십니다.

따라서 해요.

"나는 예수님 앞에서 주인공 될 사람입니다."
아멘

삼가면 잘되리라

(행15:22—29)

하나님의 **아들**이 **있**는 사람에게는 생명이 있고, 아들이 없는 사람은 아무리 오래 성전에 다니고 봉사하고 직분이 있다 하여도 생명은 없습니다. 금과 은은 없다 하여도 예수 이름을 가진 자는 앉은뱅이를 일으키고 병든 자를 고칠 수가 있는 예수 생명이 있습니다.

예수님은 생명입니다.

예수님은 하나님이 하늘에서 마리아의 몸을 통하여서 성령으로 잉태하셔서 자기 백성의 죄를 저희 죄에서 구원하시기 위하여 오셨습니다.

예수님은 처음부터 생명을 가지고 오셨습니다.

예수님은 우리에게 길을 들고 오셨고 진리의 그 자체입니다.

누구든지 예수님의 생명을 믿는 자에게도 똑같은 생명을 줄 수가 있고 예수님께 붙어 있기만 하면 예수님의 축복을 그대로 받을 수가 있습니다.

예수님은 포도나무입니다.

우리는 그의 가지이기에 예수님으로 말미암아 살아가는 하나님의 자녀입니다.

가지는 나무에 붙어 있기만 하면 열매 맺는 것처럼 예수님의 능력도 구원도 부활도 누릴 수가 있으며 여러분은 예수님의 모든 것을 소유한 사람입니다.

예수님은 지기를 믿는 자들에게는 생명의 생수가 흘러넘치게 할 수 있고 예수님 앞에 나오는 사람은 아무도 쫓아내지를 않습니다.

예수님 앞에 머물면 아무도 세상에서 그 영혼을 빼앗을 자가 아무도 없습니다. 예수님은 만유보다 크시매 아무도 아버지 손에서 우리를 빼앗지 못하며 예수님으로 인하여 우리는 영생을 마음에 담고 살아갈 수가 있습니다.

본문은

이방인들이 처음으로 예수님께 돌아오는 그들에게 율법이나 할례를 요구치 아니하고, 음행과 우상과 목 메여 죽은 것을 스스로 삼가면 잘되고 평안하리라는 사도들의 편지입니다.

여러분은 스스로 삼갈 능력이 있습니다.

우리는 할 말이 무엇인지를 알고 교회에서나 가정에서나 직장에서나 우리는 스스로 삼갈 능력을 가진 자입니다.

여러분은 성령의 열매를 맺고 성령으로 절제 성품으로 살아갑니다.

우리는 잘되고 평안할 축복의 사람입니다.

우리가 스스로 살아갈 힘은 오직 성령에의 성품에서 얻고 예수 이름으로 살아갈 때 우리는 예수님을 닮아 갑니다.

예수님은 결코 우리에게서 멀리 떠나지를 않습니다.

우리는 예수님을 의지하여 호흡하고 생명을 가집니다.

우리는 예수님의 마음을 닮고 예수님의 사랑을 가졌기에 예수님 없이는 살 수가 없습니다.

예수님은 오늘 아침 기도할 때에 성전에서 만났습니다.

예수님은 말씀으로 찬양할 때, 기도할 때 성령으로 오셔서 성령의 일을 우리에게 나타나셨으니 우리는 성령의 마음을 담아 왔습니다.

여러분은 오늘 누구를 만나든지 어디에 있든지 예수님의 말을 하고 예수님의 향기가 될 사람입니다.

잠시 잠깐 신앙에 떠났다 하여도 여러분은 성령으로 거듭났기에 다시 예수님 앞으로 나갈 사람입니다.

아무 걱정하지 말아요.

여러분은 남들이 아는 것보다 여러분은 더 좋은 사람입니다.

따라서 해요.

> "나는 잘되고 평안할 사람입니다."
> 아멘

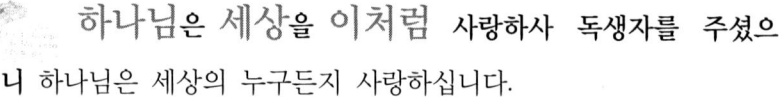

하나님은 세상을 이처럼 사랑하사 독생자를 주셨으니 하나님은 세상의 누구든지 사랑하십니다.

버림받은 십자가 강도 한편의 사람의 영혼도 정녕 나와 함께 낙원으로 데리고 가겠다는 예수님의 약속은 우리의 가슴을 흔들어 놓았잖아요.

예수님은 오직 죄인의 영혼에 관심이 가득하였습니다.

영혼이 거듭나야 범사가 잘되고 건강도 함께 찾아오기에 예수님은 우리의 영혼을 죄악에서 건지고 다시 태어나게 하시고 다시 하나님을 알게 하시고 하나님의 형상을 회복하게 하시려는 하나님의 사랑이 담긴 책이 성경책입니다.

예수님은 하늘나라로 가시면서 우리에게 남기고 간 것은 예수님의 이름과 예수님의 말씀입니다.

예수님의 이름은 인간 삶에 모든 문제의 해결의 열쇠이며, 예수님의 말씀은 능력이 있어서 예수님의 하신 모든 일들과 모든 구원의 사역에 대속하신 예수님의 증거를 우리에게 보여주고, 누구든지 예수를 인하여서 구원을 알고 영생을 알고 예수 그리스도의 보혈의 권세를 알고 믿음으로 다시 태어난 영혼으로 살아가게 하셨습니다.

예수님이 거듭나게 하신 영혼은 남녀노소, 빈부귀천 어떤 사람일지라도 그 영혼은 귀하고 생명이 있습니다.

본문은

이방인들에게 편지를 읽어 주어 소망을 가지게 하였고 또 처음 믿은 형제들을 여러 말로 권면하고 굳게 하고(32절) 세우는 예수님의 귀한 일을 하였다는 말씀입니다.

여러분은 예수님의 영이 있는 예수님의 자녀입니다.

우리는 무슨 일이든지 우리 마음대로 살지 아니합니다.

여러분은 이제 여러분이 살아가는 것이 아닙니다.

여러분 안에 계신 예수님이 살고 예수님이 판단하고 예수님의 뜻대로 살아갈 하나님의 사람입니다.

예수님이 여러분 안에 살기에 예수님의 사랑을 들고 나가 예수님의 의도를 알리고 권면하고 위로하고 견고케 할 예수님의 도구입니다.

예수님은 우리에게 성령을 주심도 예수님을 증거 할 증인되게 하기 위하여 우리에게 권능을 주셨습니다.

여러분은 많이 배웠든지 많이 가졌든지 적게 가졌든지 보이는 것 그것 가지고 자랑하지 않습니다.

예수님이 주신 권능이 있는지 없는지를 확인합니다.

예수님이 우리에게 맡기신 예수님의 능력이 있을 때 그 사람이 부자요,

그 사람은 모든 것을 가진 자이며 그 사람은 예수님이 사용하시는 그릇으로 불러서 예수님의 하실 일을 맡기셨습니다.

여러분은 절대로 비관하실 사람 아닙니다.

못 배워도 가난하여도 못나도 우리는 주어진 현실 앞에서 슬퍼하지 않는 이유는 그것으로 예수님은 판단하지 않기 그렇습니다.

예수님은 우리에게 주시고 가신 예수의 권능이 있는가를 확인하시고

예수님의 사랑으로 형제를 사랑하고 권면하고 예수님을 영접하게 할 능력이 있는지를 보십니다.

믿지 않는 사람들을 우리에게 알게 하고 만나게 한 주님은 여러분이 아니면 아무도 그 영혼을 건질 자가 없습니다.

여러분은 위대한 사람이며 여러분은 전도할 사람이며 우리는 예수님의 권능을 사용할 사람입니다.

예수님은 여러분을 사용하고 싶어서 부른 예수님의 축복의 도구입니다.

예수님은 우리를 절대로 버리시지를 않으십니다.

■ 따라서 해요.

"나는 내가 나를 보아도 복을 받고 잘 살아갈 사람 같습니다."
아멘

61 | 하나님의 소리를 들어라
(행16:6 10)

진리를 알지니 진리가 우리를 자유케 합니다.

진리는 영원토록 변치 않는 것이 진리인데, 오직 세상에 변치 않는 것은 하나님의 아들 예수님이십니다.

예수님이 세상에 오셔서 자신을 소개할 때도 자신을 진리라고 말씀하심은 예수님은 어제나 오늘이나 영원토록 변치 않으신 진리이시고 생명이신 하나님이십니다.

예수님은 세상은 변하여 사라진다 하여도 예수님의 하신 말씀은 절대적으로 진리이시고 능력이십니다.

북극이 녹아내리고 천지가 변하고 일기가 달라지고 기상관측이 나누어져도 예수님의 말씀은 절대로 변치 않는 하나님의 말씀입니다.

지금 이 시대에도 예수님으로 말미암지 않고는 아무도 죄 사함 받을 수 없고, 아무도 구원을 누릴 수가 없으며 영생이라는 관문은 열 수가 없습니다.

아무리 아프가니스탄에 인질들을 돌팔매하고, 예수를 세상은 욕하여도 예수님의 말씀이나 예수님이 없어지는 것이 절대로 아니며 예수님이 뒤로 물러가시지 않으시며, 세상이 예수님을 부인한다 하여도 달라질 것은 아무것도 없습니다.

세상이 욕하고 돌을 던져도 예수님의 복음은 전하여져야 하고 예수님의 하신 일은 아무도 막을 자가 없습니다.

세상은 그들의 입을 가지고 자기 마음대로 말할 권리는 있지만 말의 책임은 그들이 져야 하며 무엇이든지 심는 대로 거두는 법칙은 예외가 아닙니다. 세상 사람들의 영혼은 누구든지 하나님 앞에 서야 합니다.

아무도 하나님을 막을 자가 없고 아무도 반대할 자가 없고 아무도 하나님을 대적할 자는 없습니다.

하나님을 대적하는 자는 산산이 깨어질 일만 남았습니다.

본문은

바울의 선교 방향이 아시아 방향으로 가려고 애를 써도 하나님이 허락지 않고 그날 밤 마게도냐 사람의 구원 요청이 애절한 모습으로 보이고 손을 흔드는 그들의 모습을 보고 하나님이 선교 방향을 알게 한 줄 알았습니다.

여러분은 무슨 일이든지 여러분 결정대로 하지 않습니다.

가는 길에 힘들고 어려우면 멈추어 서서 예수님의 소리를 듣고 예수님이 원하시는 목적을 가지고 예수님의 인도하심 따라 나서는 여러분은 복이 있습니다.

예수님은 여러분을 버리지를 않습니다.

예수님은 우리의 지난날의 우리의 삶을 따지지 않습니다.

예수님은 우리가 절망의 구렁텅이에 빠지기를 원치 않습니다.

시험 당할 즈음에 피할 길을 주시고 성령의 감동과 깨달음을 통하여서 앞날을 알게 하시고 갈 길에 밝은 빛을 비추어 주시잖아요.

비록 지금은 삶에 절망과 어두움에 빠졌다 하여노 예수님은 여러분을 버리지를 않습니다.

하나님께 무릎을 꿇고 새벽 성전 엎드려 보십시오.

하나님은 무엇이 잘못이고 잘한 것인지를 알게 하시고 갈 길을 밝히 인도하실 것입니다.

두려워하지 말아요. 걱정하지 말아요.

하나님의 소리만 들리면 아무 걱정 없습니다.

아무리 못생겨도 가진 것 없어도 배운 것 없다 하여도 기죽지 말아요.

세상에 고개 숙이지 말아요. 부활하신 예수님이 여러분의 예수님이시며, 성령 하나님이 우리의 능력이시고, 우리는 구원받은 사람이며, 세상에 예수 없는 아무리 부자라 하여도 우리보다 못합니다.

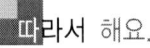따라서 해요.

"나는 세상을 향하여 기죽을 사람은 아닙니다."
아멘

62

복 받은 여인

(행16:11 – 16)

오늘도 무언가 좋은 소식이 올 것 같은 좋은 날입니다. 주신 이도 여호와시요, 취하여 가실 이도 하나님이시며, 죽을 때도 승리할 때도 하나님의 손에 달렸습니다.

하나님은 인생의 주인이시며 인생의 생사화복을 주관하시기에 **호흡이 있는 자마다 하나님을 찬양**하여야 하고 하나님은 인생들에게 경배를 받는 것이 합당합니다.

성령이 오시면 권능도 따라 옵니다.

성령 하나님은 하나님의 권능을 들고 오신 하나님이시며, 하나님의 임재의 장소를 사람 안에 정하셨습니다.

예수님을 영접하고 예수 이름을 믿는 자들에게 성전 삼고 하나님 거하실 성전 만들고 하늘의 구원의 빛을 들고 오셔서 믿는 자들에게 자녀가 되는 권세를 주셨으니 예수 안에서는 능치 못함이 없는 것입니다.

예수님은 하나님과 동등함을 인정하지 않아도 십자가 지시고 못 박혀 죽으시고 사흘 만에 무덤을 열고 다시 하나님으로 살아나셨잖아요.

예수님은 사망의 결박에 묶어 있을 수 없어서 하나님이 다시 살리셨고 사단의 권세를 심판하시고 이기시고 멸하신 예수님이 성령으로 우리 안에 오셨기에 성령이 있는 하나님의 자녀들에게는 예수님과 함께 다시 살아나는 것입니다.

살아나신 하나님이 우리 안에 계시기에 우리도 살아나고 병 고치신 이가 우리 안에 좌정하시기에 우리도 병 고치고 귀신을 멸하시고 쫓으신 예수님이 우리 안에 함께 하시기에 우리는 귀신을 쫓을 능력이 있습니다. 우리는 세상의 주인공으로 당당하게 살아갈 사람입니다.

본문은

바울이 성령의 인도하심 따라서 마게도냐 첫 성으로 들어가서 선교하기 전에 기도로 준비하려고 처소를 찾으러 모인 사람들에게 물었더니 루디아라는 여인이 마음을 열고 자신의 집으로 안내하여 처음으로 교회를 설립하고 온 가족이 세례를 받고 복 있는 여인이 되었다는 말씀입니다.

여럿이 듣기는 들어도 마음을 열고 함께 유하기를 강권하였다는 것은 하나님 앞에서 복 있는 사람이며 축복의 여인입니다.

하나님을 사랑하시나요?

하나님은 우리를 복 있는 사람으로 세우셨습니다.

악인의 꾀를 쫓지 아니하게 하시고 죄인의 길에서 회개하고 겸손하게 하시고 주야로 하나님의 말씀을 묵상하게 하시고 하나님의 말씀을 사모하고 아침마다 1분 말씀에 관심을 가지고 아멘과 흔적으로 고백하는 여러분은 복 있습니다.

여러분은 세상 살아갈 때 결코 홀로가 아닙니다.

부활하신 예수님이 성령으로 임마누엘로 오셔서 여러분이 앉고 일어서는 곳마다 예수님의 향기 나게 하셨고 예수님의 능력이 나타나게 하셨으니, 여러분은 귀신을 쫓아내고 병이 들어와 있는 사람에게 손을 얹고 기도하면 예수님 능력으로 병도 떠나고 저주가 사라지고 어두운 가정에 사업장에 맑아지고 밝아지고, 가는 길에 형통함이 가득할 축복의 사람이 여러분입니다. 이제는 아무 염려하지 말아요.

부족하고 모자라는 것도 많지만 능하신 예수님이 성령으로 오셔서 함께 살아가는 사람이 되었잖아요. 맞나요?

오늘 이 말씀에 아멘하시는 분들은 모두가 육체에서 병이 떠나고 가난과 궁핍이 사라지고 앞길에 장애는 예수 이름으로 떠나갈지어다.

따라서 해요.

"나는 평생 우울증에 걸릴 사람이 아닙니다."
아멘

63

귀신이 나가니 정상으로 되었다

(행16:16-19)

 오늘도 좋으신 하나님은 우리의 목자가 되셨습니다.

푸른 초장이 잔잔한 쉴만한 물가가 우리를 기다리고 있고 우리는 하나님을 마음껏 찬양할 호흡이 있는 자가 되었고 천지를 창조하신 하나님이 나의 하나님이십니다.

하나님이 열면 닫을 자가 없고 닫으면 열자가 없으니 하나님은 세상에 주권자요, 인생 생사를 주관하시고 인도하시는 전능하신 하나님이십니다.

하나님은 능력의 구원이시고 하나님은 축복의 시작이시며 하나님은 형통의 공급자이시니 예수 믿는 자들을 복 있게 하셨고 시냇가 심은 나무처럼 청청하게 하셨습니다.

하나님은 사랑이십니다.

하나님은 아무리 못생겼고 가진 것 없고 배운 것 없다 해도 하나님은 우리를 절대로 멸시하거나 버리지 않습니다.

하나님은 손바닥에 우리 이름 새겼잖아요.

부모는 우리를 설혹 버린다 하여도 하나님은 우리를 절대로 쫓아내지를 않고 사랑하십니다.

하나님은 권능이십니다.

천지를 지으시고 인간을 만드시고 생명을 주관하시고 은혜를 주시고 하나님의 자녀들에게 평화를 주시기 위하여 징계를 받았고 병 고쳐 주시기 위하여 친히 채찍에 맞으시고 저주 아래 계셨던 예수님은 하나님이셨습니다.

본문은

바울의 선교 중에 기도 처소를 향하여 가던 중 점하는 귀신 들린 사람 만나 예수 그리스도의 이름으로 명하여 귀신을 추방하고 나니 점하는 여종이 정상으로 돌아가고 주인은 이익이 끊어졌다고 하시는 말씀입니다.

여러분은 영권이 있는 사람입니다.

사단이 들고 다녔던 생육하고 번성하고 충만하고 다스리는 하나님의 형상을 에덴동산 아담이 잃었던 모든 것을 예수님 십자가에 생명 던지고 물과 피를 흘려 갚고 장사한 지 사흘 후에 다시 하나님으로 살아 나셨기에, 이제는 빼앗겼던 모든 것 다시 찾아서 믿는 자들에게 주시고 **저희가 내 이름으로 귀신을 쫓아내고 병든 자에게 손을 얹으면 낫는다고** 약속하셨잖아요. 믿어지면 아멘……

여러분은 오늘부터 모든 것은 정상으로 회복이 될 사람입니다.

온몸에 질병이 떠나면 여러분의 건강은 오늘 정상으로 돌아가고, 여러분의 사업장에 가정에 불신의 남편이 자녀가 교회마다 모두가 정상으로 돌아가는 일들이 오늘 우리에게 있을 줄 믿습니다.

여러분은 이제 예수 이름의 권세를 가졌으니, 여러분은 지금의 비정상으로 가고 있는 실패와 고난과 문제가 이제 정상으로 바꾸어지고, 여러분은 오늘 참 기분 좋은 날이 될 것입니다. 이제는 걱정하지 말아요. 우리에게는 만유보다 크신 예수 이름이 있잖아요.

여러분은 권세가 있잖아요.

뱀과 전갈을 밟으며 원수의 모든 능력을 제어할 능력이 우리에게 있으니 우리는 오늘 이렇게 말합니다.

따라서 해요.

"나는 오늘부터 무언가 잘될 것 같은 사람입니다."
아멘

64

사단은 끈질기다

(행16:20 – 24)

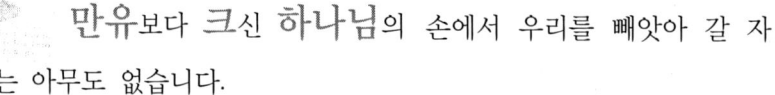

만유보다 크신 하나님의 손에서 우리를 빼앗아 갈 자
는 아무도 없습니다.

사망의 음침한 골짜기 안에서도 하나님의 지팡이와 막대기로 우
리를 지키시고 우리를 보호하십니다.

예수님의 이름을 위하여 우리를 의에 길로 인도하시고, 우리에게
는 푸른 초장을 주셨고 가뭄이 와도 마르지 않는 시냇가에 심겨진
나무 같은 열매 맺고 잎은 점점 더 청청할 것이며, 비록 삶의 고난
과 질병의 더위가 와도 우리는 아무 염려하지 않습니다.

예수님은 진리이십니다.

예수님의 진리는 살았고 운동력이 있어서 날선 검보다 예리하기
에 마음과 생각을 감찰하십니다.

예수님은 사단의 일을 멸하러 왔습니다.

자기 백성을 저희 죄에서 건지기 위하여서 죄 값을 십자가의 생
명의 피로 갚으시고 세상의 요구 사항을 충족시키시고 다 갚으시

고 예수님은 하나님으로 다시 살아나 우리에게 부활의 첫 열매로 인정되심은 예수님은 사단의 권세를 멸하시고 사단의 일을 멸할 능력을 우리에게 주셨으므로 우리도 귀신을 쫓을 능력이 있고 믿는 자에게는 뱀과 전갈을 밟을 권세를 주었고 사단은 우는 사사처럼 삼킬 자를 찾아도 우리는 저들을 예수 이름으로 대적할 능력이 있고 저들은 우리를 결단코 해할 수가 없습니다.

본문은

귀신이 나가고 나니 점하는 복채가 사라지고 주인의 유익이 끊어지고 나니 사단은 가만 두지 않고 관청에 고소하고 마치 죄수처럼 끌고 가서 매를 치고 옷을 찢고 깊은 옥에 가두었습니다.

여러분은 예수님의 약속을 믿는 사람입니다.

예수님의 약속은 능력이 있고, 예수님의 약속은 영생을 알게 하셨고 구원을 알게 하여 믿게 하였고, 예수님의 약속은 능치 못함이 없습니다.

예수님을 사랑하기에 때로는 질병의 깊은 옥에 가두고 실패의 매를 맞고 절망의 움이 싹이 나지만 우리는 결코 절망하지 않는 것은 우리에게는 부활하신 예수님이 계시기에 내일은 우리에게 승리가 있으리라.

지금의 파멸의 깊은 옥중에 머물고 고난의 회초리가 우리 등을 때려도 예수님은 기필코 우리를 원수의 목전에서 상을 받게 하셨고 여호와의 집에 영원토록 거하게 하시고 땅 끝까지 나가서 예수님을 증거 할 증인되게 하셨습니다.

우리는 금도 없고 은도 없어도 예수님의 이름만은 가보로 삼고 하나님의 진리의 말씀은 생명같이 생각하고 예수님 없이는 살 수가 없음을 고백하며 영원토록 하나님을 찬양할 축복의 사람입니다.

우리는 많이 가졌다고 자랑하지 않습니다.

우리는 많이 알고 배웠다고 교만하지도 않습니다.

우리는 아무리 잘생겨도 자랑하지 않습니다.

그것 가지고 사단을 이길 사람은 아무도 없고 그것 가지고 하나님을 찬양할 수가 없으니 우리는 오직 십자가 외에는 아무것도 자랑할 것이 없다고 오늘 아침 우리는 외칩니다. 주님을 사랑하시나요?

그러면 사단이 아무리 우리를 질병으로 매를 치고 실패와 절망의 깊은 옥에 던진다 하여도 우리는 다시 일어나서 사단의 일을 멸할 예수님 이름 붙들고 약속 믿고 내일은 다시 깃발을 흔들고 일어날 사람들입니다. 오늘부터는 잘될 거예요. 병은 떠나고 축복은 옵니다.

이제부터는 어두움의 그림자는 사라질 것이며 사단의 고난 앞에서도 우리는 담대하게 예수 이름 들고 달려 나갈 것이며 우리 앞에 누가 막으리오. 누가 우리를 그리스도의 사랑에서 끊을 수가 있나요?

누가 우리를 비웃나요?

오늘 아침 담대하게 고함을 칩시다.

따라서 해요.

> "원수, 마귀, 사단아 예수 이름으로 나에게서 떠나라."
> 아멘

65

아무리 사단이 끈질겨도

(행16:25)

오늘은 병 고침 받는 날로 선포합니다.

예수님 십자가 지시고 골고다 언덕 오르실 때 채찍에 맞은 이유를 여러분 아시죠.

우리는 오늘 그 약속 믿고 그 예수님 이름으로 고치는 날로 정하려고 합니다.

모든 질병과 더러운 귀신에게 괴로움을 당하는 모든 사람 오늘 고침을 받을지어다. 예수님은 우리 문제의 해결자이십니다.

예수님은 인생들에게 수고하고 무거운 짐 진 자들을 부르실 자격이 있는 하나님이십니다.

예수님은 모든 약함과 모든 병을 고치시고 죄를 사하시고 가난을 철폐시키고 평화를 우리에게 주셨습니다.

예수님은 율법을 패하러 오시지 않았습니다.

도리어 율법을 십자가의 생명을 주고 피를 흘려 완성케 하셨습니다.

예수님 아니고는 아무도 이 문제를 해결할 수가 없습니다.

예수님은 우리의 길이요, 진리요, 생명이잖아요.

우리는 오늘 모든 약함을 모든 병을 고쳐갈 형통의 사람입니다.

맞습니까. 아멘

본문은

바울과 실라가 엄청 많은 매를 맞고 옷을 찢기고 깊은 옥에 차꼬에 든든하게 채워졌지만 낙심치 않고 하나님께 예배를 드리고 기도하니 옆방에 죄수들도 들었다고 하는 믿음의 말씀입니다.

여러분은 사단이 아무리 끈질겨도 죽었다가 사흘 만에 다시 살아나신 예수님을 모시고 살아가는 여러분은 결코 주저앉을 사람 아닙니다.

사단이 우리를 굳게 잡아맬수록 우리는 일어나서 예수 이름 들고 담대하게 고함을 치고 하나님을 의지하고 주님을 부르고 기도할 여러분은 이미 고침 받았습니다.

예배의 시작이 문제의 해결의 시작이고 하나님 바라보는 그 시간에 이미 고침 받는 시간이며 생명의 연장되는 시간입니다.

여러분은 다시 일어설 이유가 바로 예배에 있습니다.

예수 이름으로 두세 사람이 모여서 예배를 드리고 기도하고 찬미하고 예수님을 높이는 여러분은 반드시 일어나서 사단을 향하여 고함을 칠 사람입니다.

원수의 목전에서 우리에게 상을 주실 하나님을 찬양합니다.

여러분은 사단이 꺼꾸러뜨림을 당하게 하고 질병으로 족쇄를 채우고 실패로 둘러싸이고 환란의 태풍이 불어오고 고난의 슬픔이 가득하여도 여러분은 낙심하지 않습니다.

무덤을 열고 절망을 열고 패배를 뒤엎고 살아나신 예수님.

그 예수님으로 인하여 우리는 결코 망할 사람 아닙니다.

비록 그동안 하나님을 떠났던 탕자처럼 실패하고 고난의 구렁텅이에서 울고는 있지만 우리는 다시 아버지께로 돌아가 아버지를 부르고 회개하고 주님을 향하여 예배를 드리고 부르짖으면 여러분의 내일은 다시 일어설 사람입니다.

오늘은 병들고 절망의 삶이 진을 치고 막을지라도 내일은 동쪽의 태양처럼 중천에 떠오르는 태양처럼 다시 밝게 빛날 날이 올 것이니 사단은 아무리 끈질겨도 믿음의 사람 여러분을 이길 수가 없습니다.

따라서 해요.

"나는 문제 앞에서 뒤로 물러갈 사람이 아닙니다."
아멘

66 | 드려야 열린다

(행16:26)

 오늘은 무언가 잘 될 것 같은 참 좋은 날입니다.

원수, 마귀, 사단은 일찌감치 떠날 준비하고 있고, 새벽 성전 예배에 드려진 마음과 믿음과 소망을 심었고, 오늘은 무언가 강퍅한 마음들이 무너지고 대적하는 마음에도 성령님이 찾아오셔서 감동하실 것이며, 답답한 것이 열리고 막힌 것이 뚫려지고 좋은 소식이 찾아올 것 같은 믿음의 맑고 밝은 날입니다.

하나님은 우리를 사랑하시기에 독생자 예수님을 보내셨고 누구든지 예수님 십자가의 보혈과 구원의 징표를 믿고 의지하고 살아가는 사람들은 하나님이 책임지실 것이며 하나님은 우리를 위하여 생명의 길을 진리의 길을 준비하셨고 넓은 길이 아닌 좁은 길의 축복은 생명 길로 구별하셨고 하나님은 우리를 부르셨습니다.

하나님을 우리는 우리의 아버지라고 부를 수 있는 것은 성령으로 보증하셨고 우리 영혼을 거듭나게 하셨으며, 하나님의 큰 능력을 우리 위하여 준비하셨고 우리 위하여 생명의 떡을 준비하셨고,

누구든지 값없이 돈 없이 와서 먹을 수 있도록 길을 열어 주신 하나님을 찬양합니다

본문은

빌립보 감옥 중에 바울과 실라는 깊이 붙잡혔고 양손 양발은 차꼬에 묶었고 꼼짝할 수 없는 현실 앞에 드릴 것이라고는 입으로 찬양과 예배를 드릴 것 밖에 없었기에 옆방 죄수들이 들을 수 있도록 큰소리로 은혜 충만한 마음과 예배를 드릴 때 옥 터에 지진이 일어나고 옥 터가 흔들리고 차꼬가 벗어졌다는 말씀입니다.

여러분은 하나님께 드리는 자입니다.

새벽부터 마음을 드리고 기도를 드리고 예배를 드리고 정성을 드리고 사랑을 드리고 시간을 드렸던 여러분은 이제 문제가 열릴 시간만 남았습니다.

여러분의 가정에 병든 몸에 사업장에 막힌 문제 고난의 문제들이 이제 지진이 일어날 것이며 문제의 근본 그 자체가 흔들리고 모든 것이 잠잠하여 해결의 은혜를 체험할 사람입니다.

우리는 하나님께 드리려고 마음에 생각하는 사람입니다.

문제 해결의 시작은 드리는 것부터 시작하여야 합니다.

기도의 시간을 드리십시오.

정성을 마음을 물질을 교회를 위하여 성전을 위하여 드릴 것이 무언가를 생각 하십시오.

여러분은 잘될 사람으로 형통할 사람으로 이미 구별된 사람이기에 입술로 시인하고 담대하게 고함을 치는 성령의 사람이요,

성령으로 거듭난 사람이며 성령의 감동을 받을 사람이며 희망의

사람이며 능력을 행할 축복의 사람입니다.

성령의 음성을 소멸하지 말아요.

성령의 소리는 여러분의 축복입니다.

오늘은 사단이 떠나가고 문제의 옥 터는 흔들리고 차꼬는 풀어져서 오늘 여러분에게 무언가 기분 좋은 날이며 무언가 좋은 소식이 들려오는 축복의 날입니다.

■따라서 해요.

"나는 예수님 때문에 살맛나는 사람입니다."
아멘

67

답답할 때 질문하라

(행16:27-31)

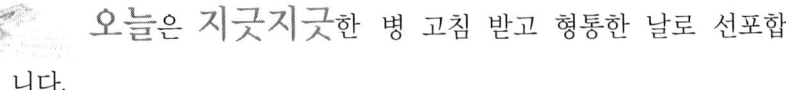

오늘은 지긋지긋한 병 고침 받고 형통한 날로 선포합니다.

안될 것이 될 것으로 바꾸어지고 막힌 것이 열리고 장애가 사라지고 어두운 곳이 밝아지고 가는 길은 형통하고 병든 몸은 고쳐지고 청춘은 독수리가 날개 치며 올라가는 것처럼, 시냇가에 심은 나무가 갈수록 잎은 청청해지고 가뭄이 와도 두려워하지 않는 삶처럼 점점 더 청청해질 형통의 삶으로 바꾸어지는 축복의 하루가 되기를 예수님 이름으로 선포합니다.

우리가 믿는 예수님은 열두 영 더 되는 천사를 불러서 그들을 불사를 수 있었지만 고난의 희생의 십자가를 다시 지시고 죽으심은 성경을 이루기 위함입니다.

예수님은 성경대로 탄생하시고 성경대로 죽으시고 성경대로 장사 지내시고 성경대로 다시 부활하신 하나님이신 예수님은 포로에서 자유를 눌린 자를 자유케 하신 전능하신 하나님이십니다.

예수님은 인생의 문제의 해답자이십니다.

예수님은 수고하고 무거운 짐 진 자들아 다 내게로 오라고 할 수 있는 것은 예수님은 우리의 모든 짐을 맡을 능력이 있는 천지를 창조하신 하나님이십니다.

예수님은 찾습니다. 신령과 진정으로 예배를 드리는 자를 말입니다.

찾으러 오신 예수님은 오늘 아침도 우리 곁에 오셨습니다.

오늘 새벽 성전에서 만나 주신 예수님은 우리의 능력이며 우리는 축복이시며 우리의 권능이십니다.

본문은

빌립보 감옥의 옥 터가 움직이고 차꼬가 풀어질 때 죄수가 도망한 줄 알고 자결하려고 칼을 빼었던 간수가 질문한 질문에 바울의 해결의 대답입니다.

주 예수를 믿으라. 그리하면 너와 네 집이 구원을 얻으리라.

살아 계신 예수님을 믿으면 아멘……

볼지어다. 세상 끝 날까지 항상 함께 하리라는 예수님은 우리에게 멀리 계시지를 않습니다. 여러분은 알고 있습니다.

예수님은 우리의 죄 값을 대신 담당하시고 우리의 약함을 우리의 질병을 고치시려고 채찍에 맞으시고 죽으시고 머리 둘 곳 없이 사심도 나무 아래 달려 저주 아래 달리심도 우리에게 아브라함의 복을 누리게 하시려고 저주를 담당하심을 알고 우리는 믿습니다.

우리는 하나님의 아들 예수님 없이는 살 수가 없고 예수님의 붙드심 없이는 아무것도 할 수 없음을 고백합니다.

우리는 하나님께 날마다 묻습니다.

지금의 답답하고 안타까운 문제 앞에서 간수가 질문한 질문.

우리는 오늘 아침도 성전에서 부르짖고 왔습니다.

오늘은 잘될 날입니다.

이제부터 우리는 예수님의 말씀 안에서 해답을 찾았고 앞으로도 우리는 성경에서 해답을 찾아서 영혼이 잘됨같이 우리는 범사가 잘될 사람입니다.

우리는 뒤로 물러가 침륜에 빠질 자가 아니고 예수님 십자가 바라보고 해답을 얻고 다시 달려갈 사람입니다.

지금까지 문제 앞에서 고민하고 낙심하고 좌절하여도 오늘부터 우리는 일어날 것입니다.

오늘의 나의 문제를 어떻게 할까요?

나의 병을 남편의 구원의 문제를 어떻게 할까요? 하나님께 질문하고 성경에서 기도 중에 해답을 찾아서 축복과 성공의 형통의 자리까지 달려 나갈 사람입니다.

따라서 해요.

> "사단아 나는 너에게 붙잡힐 사람이 아니며 예수 이름으로 너를 대적할 사람이다."
> 아멘

68

성공 후에 더 잘하라

(행16:32-34)

오늘은 행복함이 구름 떼처럼 몰려오는 날로 선포합니다.

사랑하는 자여 네 영혼이 잘됨같이 범사가 잘되고 강건하기를 원하시는 천지를 창조하신 전능하신 하나님.

세상은 뭐라고 할지라도 하나님은 존재하시고 하나님은 죽었다고 고함을 칠 수는 있어도 철학자 니체는 정신병자로 몰락하였고 최후에 비참함은 그의 심은 대로 거둘 것이며 하나님의 능력은 만물에 분명하게 보여 알게 하였으니 아무도 하나님 앞에서는 핑계할 사람 아무도 없습니다.

하나님을 대적하는 자는 산산이 깨어질 것이요.

하나님을 부인하는 자는 영원한 지옥의 자리는 정하여 졌으니 하나님은 의로운 재판장이십니다.

하나님은 우리의 입에서 나온 말이 들린 대로 하나님은 행하시니 하나님은 생명을 주관하시고 하나님은 온 세상의 판단자이시고 주인이십니다.

본문은

빌립보 감옥에서 엄청난 하나님의 증거를 본 간수는 바울로부터 문제의 해답을 찾아서 그때부터 온 가족이 예수님을 믿고 예수님의 말씀대로 순종하며 세례를 받고 바울의 맞은 자리 씻겨서 치료하여 음식을 만들고 극진히 대접을 하고 보니 그 가정에 기쁨이 가득하였다는 말씀입니다.

여러분은 실패할 때도 잘하시지만 성공한 후 더 잘하고 질병이 있을 때도 부르짖지만 병 고친 후에 더 잘하는 더 잘 믿고 더 충성하고 더 아름다울 사람입니다.

여러분은 하나님의 사랑을 알기에 하나님의 십자가의 사랑 알기에 날마다 눈만 뜨면 하나님 집으로 달려가 새벽재단 쌓고 하나님께 간구하고 좋으신 하나님은 우리에 좋은 것으로 준비하였고 하나님은 날마다 우리를 복을 주시려고 새 옷 준비하고 송아지 기르고 계심을 믿고 있는 사람입니다.

여러분은 점점 더 예수를 잘 믿을 사람이며 점점 더 갈수록 하나님을 더욱 더 사랑할 사람이며 하나님을 바라볼 사람이기에 여러분은 복이 있는 사람입니다.

여러분은 날마다 처음 사랑을 회복하려고 몸부림치며 하나님 마음에 흡족함을 드리려고 나의 일 나의 가정보다 주님의 집이 더 소중하고 예수님의 일이 더 귀하고 예수님을 더 사랑하시는 여러분은 복이 있습니다.

우리는 십자가 주님만 알기로 작정한 사람입니다.

세상의 대적이 가득하고 천만인이 우리를 진을 친다 하여도 우리는 두려워할 사람이 아닙니다.

우리를 향하여 두 팔 벌리시고 도우시려고 기다리시는 우리 주 예수님은 우리를 위하여 이 땅에 오셨고 우리의 모든 죄 갚으셨고 우리를 위하여 무덤을 열고 살아나신 부활의 첫 열매이시기에 **예수님은 포도나무요, 우리는 가지이니** 나무는 가지를 위하여 존재하고 가지는 열매를 위하여 있기에 우리는 날마다 열매를 맺습니다.

우리는 미움과 원망을 버릴 줄 아는 능력이 있습니다.

우리는 성령의 성품으로 채우고 성령의 표적을 가는 곳마다 나타낼 사람이며 우리는 지금보다 내일 더 잘할 하나님의 자녀이며 하나님을 사랑하는 증거가 있습니다.

하나님을 사랑하시나요?

여러분은 축복의 사람 형통할 사람이기에 주님을 찬양합니다.

■ **따라서** 해요.

> "나는 예수님과 함께 살아가는 사람입니다."
> 아멘

69 | 예수로 살아라

(행16:35-40)

 송충이는 솔잎으로 산다면 우리는 예수로 삽니다.

구름이 가득하면 비가 내리는 것처럼 우리 안에 예수님이 가득하면 예수님의 표적이 따릅니다.

예수님은 인격을 가진 하나님입니다.

지금도 보좌 우편에서 우리를 위하여 간구하시고 오늘도 성령으로 성령의 도구가 되어 성령으로 인도하심 받기를 원하시는 예수님은 좋으신 우리 하나님이십니다.

하나님은 독생자를 십자가에 못 박고 차마 볼 수 없어서 온 세상을 어둠으로 덮었고 예수님은 죄인인 인간들과 하늘에 하나님과 화목케 하셨고 하나님은 예수님의 희생의 피를 통하여 죄인을 볼 때 죄는 씻기고 용서받고 의인이신 예수님 나무의 가지가 되었으니 우리는 예수님을 찬양합니다.

하나님의 뜻은 하나라도 지옥 가는 것이 아닙니다.

모두가 구원받고 하늘나라에 가는 것이 소원입니다.

보혜사 성령이 오시면 성령님은 예수님의 뜻을 이루시고 예수님의 구속의 십자가의 은총을 믿는 자에게 나타내어 누구든지 예수님의 자녀가 되게 하는 권세를 주셨습니다.

예수님은 성령을 통하여서 일하시고 성령은 우리를 불러서 땅 끝까지 증인되게 하십니다.

성령이 우리에게 오심은 예수님의 의도를 알게 하고 예수님의 인격을 우리에게 남기고 예수님의 형상을 따르게 하시고 예수님을 바라보는 삶을 살게 하십니다.

본문은

죄수가 되어서 수없는 매를 맞고 깊은 감옥 차꼬에 매여 절망의 자리에서 하나님을 찬미하고 옥 터를 흔들게 하여 간수를 구원시키고 로마인의 신분이라는 소식을 듣고 석방시키려고 할 때 그들에게 매를 친 상전들이 직접 와서 해명을 듣고 나가겠다는 바울의 이야기입니다.

여러분은 예수님의 인격이 예수님의 성품이 베여 있고 우리는 예수님의 형상 닮으려고 몸부림칩니다.

우리에게는 세상은 간곳없고 구속한 예수님만 가득한 예수님의 냄새가 나는 예수님의 사람입니다.

우리는 어디를 가든지 예수님의 인격을 닮고 예수님의 사랑을 가지고 아골 골짝 빈 들까지 나서겠다고 주님께 약속한 믿음의 사람입니다.

우리가 살아가는 것은 예수님의 말씀으로 살아갑니다.

예수님의 말씀이 예수님의 인격이고 예수님의 말씀 안에 예수님의 형상이 담겼으니 예수님의 마음과 예수님의 인격이 우리를 통하여 나타나지 않으면 아무도 예수를 알 수가 없는 것입니다.

우리는 하나님 보시기에 존귀한 사람입니다.

아무도 우리를 빼앗을 자가 없습니다.

예수로 살아가는 사람은 꺼꾸러뜨림을 당하여도 망할 사람 아닙니다.

가진 것 없고 배운 것 없다고 두려워하지 말아요.

실패하고 넘어졌다 하여도 사람 비위나 맞추려고 하지 말아요.

따라서 해요.

> "나는 다시 털고 일어나 나를 책임지실 예수님만 바라볼 사람입니다."
> 아멘

70

고난 중에 위로하라

(행16:35-40)

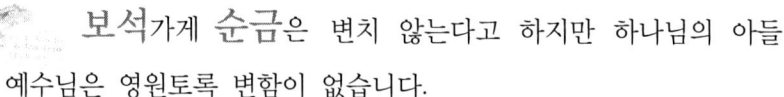

보석가게 순금은 변치 않는다고 하지만 하나님의 아들 예수님은 영원토록 변함이 없습니다.

예수님은 죄인들을 구원하기 위함은 처음 아담이 범죄 할 때 에덴에서 빼앗겼던 하나님의 형상과 하나님의 생육함과 번성함도 다스림도 사단에 넘겨주었던 그 모든 권세를 두 번째 아담 예수님은 십자가의 피 값 던져 주고 다시 찾아오셔서 예수 이름을 믿는 자에게 주시고 가셨으니 그것이 자녀가 되는 권세입니다.

예수님의 자녀의 권세는 뱀과 전갈을 밟고 원수의 모든 능력을 제어할 권능을 믿는 자에게 주시고 가셨으니 누구든지 예수를 믿는 자에게는 예수님의 권세가 찾아오는 것입니다.

예수님은 모든 약함과 모든 병을 고치시려 오셨고 가난한 자에게 복음을 전하시며 포로 된 자를 자유케, 눌린 자를 자유케 하시고 약한 자를 불러서 강한 자를 부끄럽게 하시고 지혜롭고 똑똑한 세상을 도리어 부끄럽게 하실 능력의 예수님은 하나님이십니다.

본문은

간옥에서 나온 바울과 실라는 다시 처음 마음을 열고 가정교회를 열게 하신 루디아의 집에서 만난 형제들을 도리어 고난 중에도 위로하고 갔다는 말씀입니다.

여러분은 복음으로 위로할 능력의 사람입니다.

여러분이 당한 고난을 통하여서 다른 이의 고난을 위로할 능력이 우리에게 있습니다.

상심한 자를 위로하고 절망에 젖은 자를 위로하고 성령의 감동과 성령의 위로가 나타나게 우리는 가는 곳마다 만나는 사람마다 예수님의 십자가의 위로로 죽어가는 지옥 불을 향하여 달리는 영혼들을 복음의 말씀으로 위로하여 저들을 건지는 여러분은 복이 있습니다.

원망과 불평은 삽시간에 통곡으로 바꾸지만 복음으로 소망을 들고 구원을 안고 영생을 말하는 여러분은 장차 하나님 앞에 설 때에 우리는 상 받을 사람입니다.

남편은 아내를 위로하고 아내는 남편을 위로하고 성도들은 목회자를 위로할 줄 알고 강단에 목회자는 성도들을 위로하는 메시지를 증거하고, 그 안에서 예수님의 위로가 들리는 위로의 교회가 되는 여러분은 참으로 복 있습니다.

마음에 상처를 달래 주시고 예수님은 가시는 곳마다 하나님 나라의 진리를 말씀하시고 병든 자에게는 치료로 위로 하시고 예수님은 죄인들을 위로하셨습니다.

누구든지 예수를 믿으면 영생을 얻는다고 위로하시고 지옥으로 달려가는 영혼들에게 좁은 길로 안내하시고 그곳은 영생의 생명길이라고 위로하셨고 장차 하늘나라에 상급으로 위로하셨고 복을 주셨습니다.

십일조의 씨앗에 창고에 채우는 약속으로 위로하셨고 십자가의 희생의 사랑으로 우리를 위로하신 예수님을 우리는 사랑합니다.

여러분은 여러분 때문에 불편함을 남에게 주지 않습니다.

여러분으로 인하여서 위로받고 예수님의 향기를 날리고 예수님의 인격으로 전도하는 여러분은 복이 있습니다.

따라서 해요.

"나는 예수님의 축복의 통로가 될 사람입니다."
아멘

71

예수님을 자랑하라

(행17:1-3)

여름이 가면 가을이 오는 것처럼 성령이 오시면 권능이 따라옵니다.

가을이 오면 푸름이 단풍으로 변하는 것처럼 성령이 임하시면 우리의 삶이 변하고 하나님의 형상으로 변해지고 거듭나고 구원의 증거와 영생을 확신하고 얼굴은 행복의 미소로 형통함으로 충만하여 집니다.

하나님은 우리의 영혼을 잘되게 하셨습니다.

죄와 허물 속에서 마치 진흙탕에서 살아가는 것처럼 어둡고 캄캄하여도 예수님의 빛이 우리 안에 들어오고 예수님의 약속이 내 영혼에 임하여서 그 약속이 믿어지고 그 약속으로 확신하고 예수님을 알고 예수님의 십자가를 바라보고 예수님의 맑은 영생의 물로 가득하였고 우리의 삶은 점점 더 밝고 맑고 환해지는 것입니다.

예수님은 장사한 지 사흘 만에 다시 살아나셨습니다.

예수님이 다시 살아날 때는 유대병정들로 든든히 예수님 무덤을 지키었고 아무도 돌문을 열지 못하게 하려고 인봉하고 처참하게 창에 찔리고 못에 박힌 예수님이 다시 살아날 줄은 아무도 몰랐습니다.

사흘 후에 돌문이 열리고 무덤이 터지고 사람의 예수님이 하나님의 예수님으로 살아나셨을 때 세상은 소동이 있어났고 예수님을 기다렸던 마가 다락방 사람들은 남들이 알지 못하던 신비로운 성령 하나님을 만나서 다른 방언을 하였고 모든 사람들은 자기들의 말로 동시통역이 이루어졌습니다.

가는 곳마다 예수님을 자랑하고 가는 곳마다 예수 이름의 권세가 찾아오고 능치 못함이 없었던 사건이 일어났고 오늘도 그 이름 예수님의 능력은 영원토록 변함이 없고 오늘 아침 질병의 병이 저주의 문제가 예수 이름으로 떠나고 승리는 우리 것임을 믿어지면 아멘…… 아멘…….

본문은

데살로니가에 찾아간 바울과 실라가 회당에서 성경을 풀어 설명하고 구원의 십자가 지신 이는 예수 그리스도라고 담대하게 자랑하는 말씀입니다.

여러분은 예수님을 사랑하는 구원받은 사람입니다.

맞습니까…….

여러분은 반드시 세상을 이길 사람입니다.

여러분에게는 세상을 이길 예수님의 약속이 이미 가득하였고 입만 벌리면 예수님만 자랑하는 사람이 된 것을 예수님은 아주 기뻐하십니다.

예수님이 우리에게 오셔서 행하신 모든 일들을 자랑하고 나를 사랑하신 그분은 예수 그리스도라고 담대하게 외치고 노래하는 여러분은 복 있습니다.

이제는 우리는 일어날 겁니다.

우리가 예수님 자랑하지 않으면 누가 자랑하시겠습니까.

여러분은 어디를 가든지 누구를 만나든지 예수님을 입에 담아 예수님만 높이고 예수님만 자랑하는 여러분이기에 예수님은 한순간도 여러분을 떠나지 않습니다.

이제는 질병의 자리에서 실패의 절망의 자리에서 일어나 예수님만 자랑하리라 결심하고 마음에 담으면 우리는 오늘 예수님의 표적이 나타나리라…… 아멘

■■ **따라서** 해요.

"나는 실패 속에서도 절망할 사람이 아닙니다."
아멘

72

사단을 어지럽게 하라

(행17:4-9)

 하나님을 사랑하시나요?

하나님은 천지를 지으시고 인생의 육체를 흙으로 지시고 호흡으로 생기를 넣어 주셔서 생령이 되게 하셨고 산 영이 되게 하셨으므로 인간들에게는 하나님의 형상이 담겨 있었습니다. 하나님은 생육하고 번성하고 충만하고 다스릴 수 있는 능력을 주셨습니다.

에덴동산을 다스리고 모든 세상을 다스렸던 처음 아담은 사단의 유혹으로 범죄 할 때 그들이 가졌던 모든 하나님의 형상을 잃었고 다스림을 받고 지배를 받는 진 자는 이긴 자의 종의 되었던 것입니다.

그때부터 인간들은 사단의 지배를 받고 사단의 종이 되어 날마다 사단의 이끌림에 끌려다녀야 하였던 것입니다.

하나님은 세상을 이처럼 사랑하사 독생자를 주시고 하나님은 예수를 믿는 자에게는 멸망치 않고 영생을 주실 것을 약속하셨고 우리는 그 약속을 믿습니다.

광야에서 모세가 놋뱀을 만들어서 뱀에게 물린 자에게 쳐다보는 자는 죽지 않고 살리라는 것처럼 예수님 십자가 지시고 나무 아래 저주 아래 달리셨을 때 누구든지 죄로 인하여 잃었던 하나님의 형상을 찾고 하나님의 능력을 붙들게 하셨고 세상을 담대하게 살아갈 수 있도록 예수님은 이 땅에 오셔서 십자가를 지셨습니다.

우리는 그 예수님을 믿고 예수님의 약속을 믿고 예수님 능력을 믿습니다.

본문은

바울과 실라가 야손의 집에 들어가서 복음을 전하고 예수는 왕이라고 증명할 때 온 동네는 소동이 일어났고 사단의 세계 조직이 흔들리고 그들이 영생의 길을 보았고 구원의 축복을 마음에 담기 시작하니 유대인들이 그들을 보고 천하를 어지럽게 하는 사람이라고 하고 관청에 고소하고 그들을 잡아가게 하였지만 야손의 도움으로 보석으로 석방되고 자유의 몸이 되었다는 말씀입니다.

여러분은 주님의 형상을 얻은 사람입니다.

우리는 입만 열면 예수님을 말하고 예수님을 사랑하고 예수님을 바라보는 예수님의 사람입니다.

예수님은 사단을 심판하러 오셨고 십자가로 심판하셨고 생명으로 죽음으로 심판하셨고 무덤을 열고 부활로서 심판을 내리고 사단의 가진 세상의 어두운 지배권을 해제시키고 무기를 빼앗아 버렸고 오직 예수를 믿는 우리에게 무기를 주셨기에 예수를 믿는 여러분은 복 있고 권세가 있고 뱀과 전갈을 밟고 우리를 해할 자가 결단코 없는 것입니다.

여러분은 세상을 소동시키고 사단을 예수 이름으로 어지럽게 하여 사단의 세계를 멸하고 사단의 정체를 추방하고 사단의 모든 무기를 전멸시키고 우리는 성령으로 무장하여 귀신을 쫓아내고 방언을 말하고 뱀을 집으며 병든 자에게 손 얹으면 그 병이 떠나고 성령으로 고침 받으면 세상은 어지러워 멸망하는 것입니다.

우리는 사단을 어지럽힐 능력이 우리에게는 있습니다.

여러분은 결코 지금의 실패에서 지금의 질병에서 패배할 사람이 아닙니다.

■ 따라서 해요.

"나는 일곱 번 넘어져도 여덟 번 일어날 사람입니다."
아멘

73 하늘나라 신사

(행17:10－15)

사단은 도적질하고 죽이고 멸망하러 왔지만 예수님이 오심은 생명을 주고 풍성하게 하기 위함입니다.

예수님은 십자가의 피 흘려 생명을 사단에게 죄 값으로 내어 주고 대신 누구든지 예수를 영접하고 믿는 자에게는 죽었던 영혼을, 다시 무덤을 열고 살아나신 예수님의 권세로 우리의 죽은 영혼도 다시 살려 주셨습니다.

예수님은 우리의 죽은 영혼을 살려 주신 영의 아버지이시기에 성령이 우리에게 오시면 예수님을 아바 아버지라고 부르게 하셨습니다.

예수님은 내 영혼을 인치시고 내 영혼이 잘되게 하셨고 범사에 사단의 방해에 산성이 되셨고 믿음의 반석이 되셨고 사랑의 근원이 되셨으니 우리는 예수님만 사랑합니다.

예수님은 내 영혼 거듭나게 하시니 전에는 멀리 뵈던 하늘나라가 이제는 가까이 보였고 전에는 낙심과 절망이 우리의 삶을 가득

장악하고 있어도 이제는 하늘나라의 약속이 보이고 하나님의 아들 예수님이 들려주신 예수님 임재가 눈으로 마음으로 느껴지고 예수님만 바라볼 축복의 형통의 사람이 된 것입니다.

예수님 때문에 전에는 높은 산이 거친 들이 장애가 되어도 이제는 그 풍랑 때문에 더 빨리 가게 되었고 세상 끝 날까지 항상 함께 하시리라는 예수님으로 인하여 예수님을 믿는 자는 예수님의 일을 하실 수가 있습니다.

예수님이 계시니 약한 자를 불러서 강하게 하셔서 예수님이 직접 일하시니 우리가 하는 것 아니요.

예수님이 내안에 계셔서 이제는 내가 사는 것 아니요.

예수님이 사시는 것이니 사나 죽으나 우리는 예수님의 것입니다.

본문은

바울과 실라가 베뢰아 사람들은 하나님의 말씀을 간절한 마음으로 받고 그 말씀이 그런가 하여 깊이 묵상하는 복 받을 사람이 하늘나라에 신사라고 설명 합니다.

여러분은 복이 있는 사람으로 인정받습니다.

우리는 악인의 꾀를 좇아가지도 않지만 하나님의 말씀을 하루 종일 주야로 묵상하는 하나님의 사람입니다.

우리는 시냇가에 심겨진 나무처럼 시절을 좇아 열매를 맺고 그 행사가 다 형통할 사람이라고 성경이 약속합니다.

지금의 형편 보고 판단하고 말하지 말아요.

오늘의 실패한 나의 모습 앞에서 낙심, 절망하지 말아요.

이제까지 나를 괴롭혔던 질병 때문에 슬퍼하지 말아요.

우리는 반드시 고침 받고 일어설 사람입니다.

우리가 믿는 예수님은 캄캄한 무덤을 열고 살았잖아요.

그 예수님이 우리 안에 계시고 두려워 말라고 위로하시고 놀라지 말라고 부탁하심은 예수님은 우리를 떠나지를 않으시기에 그렇습니다.

우리는 일평생에 예수님을 믿은 일이 가장 아름다운 일이며, 예수님 약속 믿고 살아가는 것이 가장 축복이라고 담대하게 말할 수가 있습니다.

비록 지금은 예수님 일 잊었다 하여도 내일은 다시 일어나 예수님을 바라볼 사람이면 오늘 저녁은 울음이 기습하여도 내일 아침은 동쪽에 밝은 태양을 준비한 것처럼 주님이 준비한 기쁨은 찾아오고야 마는 것입니다.

오늘 넘어졌다고 울지 말아요. 오늘 잃었다고 포기하지 말아요.

내일은 다시 찾을 날이 올 것이며 빼앗겼던 물질과 건강을 다시 찾아 주실 예수님이 우리에게는 계시잖아요.

따라서 해요.

> "나는 한 번의 실패 앞에서 울지 않습니다."
> 아멘

사단을 향하여 분내라

(행17:16－19)

　　영혼을 살리는 것은 육이 아닙니다.

　영이요, 생명인 하나님의 말씀이 우리를 살립니다.

　하나님은 사람을 구별하십니다.

　영혼이 거듭난 자와 영혼이 거듭나지 못한 자연인 그대로 있는 사람을 알고 계십니다.

　누구든지 십자가에 못 박혀 죽었다가 다시 살아난 예수이름을 믿는 자에게는 하나님을 아버지라고 부를 수 있는 하나님의 자녀가 되게 하셨습니다.

　세상의 사람들은 바로 왕처럼 사단의 도구로 사용되는 사람이 있으며, 모세처럼 성령의 그릇으로 쓰이는 자가 있습니다.

　하나님은 우리에게 구별할 수 있는 하나님의 방법을 가르쳐 주셨습니다.

　그 열매를 보고 그 사람을 구별할 수 있다고 하셨습니다.

　하나님은 있는 자에게는 더 주고 없는 자에게는 있는 것까지 빼앗아 버렸잖아요.

하나님은 영혼이 잘된 자에게 범사의 형통을 주셨고 건강을 허락하셨습니다.

하나님은 누가 영혼이 잘된 자임을 아시고 계십니다.

하나님은 우리의 중심을 보시고 알고 계십니다.

은혜를 사모하는 자인지 아니면 교회를 방해하고 목회를 대적하고 원망과 불평으로 살아가는 자가 누구인지를 알고 계십니다.

본문은

바울이 아덴이라는 동네에 간 적이 있는데, 그 동네에는 하나님은 없고 우상이 가득한 것을 보고 분이 나서 그들에게 복음을 전하였다는 말씀입니다.

여러분은 하나님을 위하여 하나님의 교회를 위하여서는 분을 내고 하나님의 나라가 훼파되는 것을 보면 우리는 분이 납니다.

예수님 성전 방문하였을 때 만민이 기도하는 성전에 장사치들이 가득하였고 송아지 소리, 돈 바꾸는 소리 앞에 분을 내시고 채찍을 만들어서 쫓아내었고 성전을 정결하게 하셨습니다.

여러분은 비록 이 땅에 살지만 우리의 영혼은 하나님을 만났고 하나님을 사랑하고 하나님을 의지하고 하나님의 약속을 믿고 따르는 하나님의 자녀입니다.

오늘도 성령의 역사가 일어날 것으로 믿고 예수 이름은 권세 있는 십자가의 승리의 이름이기에 우리는 예수 이름 없이는 아무것도 할 수 없음을 예수님 사랑하는 마음으로 고백합니다.

예수님 사랑합니다. 예수님 사랑합니다. 예수님 사랑합니다.

우리는 이미 천국 가기로 작정된 사람입니다.

우리는 예수의 피로 죄 사함을 받고 살아가기에 우리는 주님 심판대 앞에서는 지옥의 형벌의 심판은 없습니다.

우리는 예수님 앞에 그날에 상급 받을 심판을 받고 황금길, 천국길, 주님과 함께 걸을 것이며, 우리의 모든 죄는 예수님 피로 사하여졌고 오늘도 우리는 그 약속을 믿습니다.

예수님의 보혈의 권세가 흰 눈같이 희게 할 수 있는 능력이 있으니 우리는 하나님을 사랑합니다.

비록 하나님을 멀리 떠났다 하여도 우리 안에 성령이 있고 우리는 다시 하나님께로 나가서 회개하고 주님을 바라볼 여러분은 누가 뭐래도 예수님의 복을 받을 사람입니다.

■ **따라서** 해요.

> "나는 꺼꾸러뜨림을 당해도 망할 사람이 아닙니다."
> 아멘

피 흘림이 없이는 죄 사함을 받을 수 없습니다.

하나님의 아들 예수님이 말씀이 육신을 입은 이유도 피 흘리시기 위함입니다.

구약시대에 죄 사함을 받을 때는 반드시 양이나 송아지의 피를 대신 흘리고 대신 짐승이 죽어야 만이 죄를 사함 받은 것은, 지금으로부터 이천 년 전에 이 땅에 오신 예수 그리스도의 피 흘림의 그림자로 우리에게 보여 주셨고 예수님이 오셨을 때 그는 하나님의 어린양으로 세상에 나타나셨습니다.

예수님의 흘리신 보혈은 예수님을 믿는 모든 이의 죄를 용서할 수 있고 예수님을 영접하고 믿는 모든 사람의 허물이 용서되었고 평화를 누리고 병 고침에서 고침 받고 모든 약함과 모든 질고를 고치게 하셨습니다.

예수님의 죄 사함의 능력은 예수님이 이 땅에 다시 오실 때까지 누구든지 예수님을 영접하고 믿는 자에게는 예수님의 공로가 나타나셔서 예수님의 형상을 입고 죽은 영혼이 다시 살아나셔서 거듭나게 하셨고, 성령으로 찾아오신 예수님은 우리를 자녀가 되게 하시고 우리에게 아바 아버지라고 부를 수 있게 하셨습니다.

예수님은 전에도 지금도 먼 후일에도 항상 변함이 없으신 하나님이십니다.

일점일획이라도 변함이 없으신 나의 주님을 지금도 우리는 사랑한다고 고백할 수가 있습니다.

본문은

아덴에서 철학자들과 사도 바울이 크게 쟁론을 벌리고 말싸움을 하였다는 말씀입니다.

여러분은 항상 주님을 사모하고 주님을 잊지 않습니다.

나를 낳은 부모는 나를 잊을지라도 십자가 지시고 죽으신 하나님의 아들 예수님은 우리를 잊지 않고 오늘도 두 팔 벌리고 우리를 도우시려고 기다리십니다.

여러분의 이름이 예수님의 손바닥에 새겨진 줄 믿으시나요…….

아멘

여러분은 세상의 보이는 것 가지고 자랑하지 않습니다.

우리는 보이지 않는 하늘에 하나님 앞에서 심은 대로 거두시고 심은 대로 갚으시는 하나님의 축복을 우리는 기다리는 하늘에 생명을 소유하고 살아가는 하늘에 사람입니다.

여러분은 가진 것 없어도 낙심하지 않습니다.

오늘의 질병과 실패와 절망이 다가와도 실망하지 않는 이유는 내일은 주님이 고쳐 주시고 채우시고 지키실 것을 믿기 때문입니다.

세상이 우리를 멸시하여도 예수님은 우리를 존귀하게 여기시고 세상은 우리를 버려도 예수님은 우리를 절대로 버리지 않습니다.

예수님은 말로서 십자가를 지신 것 아닙니나.

못 박는 그들을 향하여 기도하신 예수님은 아무 밀이 없었던 것은 교회는 신앙은 말 가지고 하는 것 아니기에 그렇습니다.

세상이 우리를 보고 멸시하고 환경이 나를 울린다 하여도 우리는 실망하지 않습니다.

우리는 예수 이름으로 새롭게 되는 날이 올 것이며 예수님 이름으로 부르짖고 기도하면 하나님은 응답하시고 하나님은 우리 목자가 되시니 우리에게는 푸른 초장이 잔잔한 시내가 우리를 기다리고 있기에 사망의 음침한 골자기에 머문다 하여도 우리는 주님이 지키시고 안위하시기에 오늘도 예수님을 사랑합니다.

오늘부터 눈에 흐르는 슬픔의 눈물은 닦으시고 오늘부터 마음 약한 마음은 뒤로 미루고 십자가 지시고 피 흘리신 예수님을 바라보고 내일을 창대케 하실 예수님을 바라보고 오늘도 힘차게 달려가는 여러분은 복 있는 축복의 사람입니다.

■ **따라서** 해요.

"오늘은 절망이 가득하다 하여도 내일은 소망의 날들이 다가옵니다."
아멘

76 예수님을 발견하라

(행17:22 - 27)

하나님이 세상을 이처럼 사랑하사 독생자를 주셨으며, 누구든지 독생자 예수님의 공로를 믿고 독생자 예수님 약속을 믿으면 하나님의 자녀가 되는 권세를 주셨고 예수 이름을 사용할 권리를 주셨으면 예수님을 하나님 아버지라고 부를 수 있습니다.

하나님은 십자가에 독생자 예수님을 못 박아 죽였고 흘린 보혈의 그 피로 온 세상의 죄를 담당시키셨습니다.

예수님은 우리의 허물과 죄를 대신하여서 십자가를 지셨습니다.

예수를 믿는 모든 이들의 죄 값입니다.

예수를 믿는 자들에게는 잘생겨도 못생겨도 가진 것 없고 사람들에게는 버림받았을지라도 모든 죄는 용서받고 하나님의 자녀가 되었으면 하나님의 손바닥에 이름을 새겼고 하늘나라 생명록에도 이름을 기록하였습니다.

하나님은 세상 어디든지 하나님의 존재를 나타내셨습니다.

들풀 한 포기에도 바위에도 흐르는 시냇물에도 하나님의 살아 계신 증거를 주셨습니다.

본문은

그린 하나님을 빌건하라는 말씀입니다.

호흡과 생명을 주셨고 만물을 주셨으며 인간의 연대를 정하였고 거주의 경계를 정하셨고 우리를 멀리 떠나 있지 않으신 하나님을 발견하는 눈이 열리시기를 축복합니다.

우리는 하나님을 힘입어 살며 기동하며 있습니다.

여러분은 무슨 일이든지 사건 앞에서 문제 앞에서 응답 앞에서도 하나님을 발견한 사람입니다.

여러분은 범사에 감사하는 것도 하나님이 보였고 아침 식사 상 앞에서도 고개 숙여 감사하는 것도 먼저 예수님 그분이 우리에게 보였기에 예수 이름으로 감사합니다.

길 가다가 넘어져도 기도 제목 앞에서도 우리는 먼저 하나님 그분이 우리 눈에 발견되었기에 우리는 하나님께 고개를 숙입니다.

작은 들풀 하나에서도 꽃 한 송이에서도 하나님을 발견하였고 작은 말 한 마디에 작은 행위 하나에서도 하나님을 찾아내고 하나님을 향하여 기도하고 하나님을 향하여 감사하는 것은 하나님이 보였기에 하나님을 사랑합니다.

길 잃어 버렸던 아이가 엄마를 발견하면 모든 근심 걱정 다 해결된 것처럼 우리의 믿음의 눈에 하나님이 발견되고 예수님의 십자가가 보였으니 이제는 걱정하지 말아요.

이제는 낙심하지 말아요.

지금의 질병 앞에 어제의 실패 앞에서 오늘 예수님만 발견하면 여러분은 모든 문제가 해결될 줄 믿으시기를 바랍니다.

하나님이 발견되지 않으면 아직도 인본주의, 아직도 사람의 수단과 방법으로 살아가야 하는 아픔이 있겠지만 우리는 오늘 아침 하나님을 발견하였습니다.

이제는 일어날 겁니다.

이제는 활짝 열리고 이제는 무언가 해결될 것 같고 무언가 오늘도 좋은 소식이 찾아올 것만 같습니다.

■ 따라서 해요.

> "나는 예수님만 바라보는 주바라기입니다."
> 아멘

77 믿을 만한 증거

(행17.28-30)

예수를 믿는 여러분들의 삶은 시냇가에 심은 나무처럼 날마다 창대해지고 날마다 아름다워지고 살이 찌고 형통해지는 행복을 우리에게 주셨으니 우리는 시절을 좇아 열매를 맺고 잎사귀도 마르지 않고 그 행사가 다 형통할 가문입니다.

건강의 잎사귀, 물질의 잎사귀도 마르지 않을 것이며 말라지는 건강도 말라지는 믿음도 오늘부터 점점 더 물이 오르고 삶의 윤기가 나고 행복이 더해지는 축복의 삶을 하나님은 우리에게 주셨습니다.

예수님은 포도나무잖아요.

우리는 그에게 붙은 가지이고 보면 우리는 예수님의 능력, 예수님의 권세가 그대로 우리에게 나타날 것이며 손을 들고 안수할 때 병든 자가 고침 받을 것이며 가는 길은 형통하여 하나님께 영광을 돌릴 것이며 하나님은 우리의 능력이시니 우리는 오늘 행복할 사람입니다.

예수님은 우리를 우리 마음대로 살게 하시지 않게 하십니다.

우리가 사는 것이 아니며 우리 안에 예수님이 살고 계셔서 예수님의 냄새가 나고 예수님의 말을 하고 예수님의 형상을 입은 하나님의 자녀이기에 우리는 오늘 응답을 가져갈 사람입니다.

본문은

우리에게 하나님은 믿을 만한 증거를 주셨는데, 그것이 십자가에 못 박혀 죽었던 예수님을 다시 절망의 무덤에서 살리신 증거가 우리에게 믿을 만한 증거가 되었습니다.

여러분은 그 증거를 믿습니다.

죽은 자를 살리신다면 하나님은 오늘 아침 나의 질병도 나의 고민도 우리의 자녀들의 문제도 사업장에 부도의 위기에도 하나님은 능히 하실 수가 있을 줄 믿습니다.

우리는 전지전능하신 천지를 창조하신 살아 계신 하나님을 믿고 하나님을 사랑하고 하나님을 바라보고 하나님을 의지하고 하나님을 찬양하는 축복의 통로가 바로 여러분입니다.

여러분은 세상에서 반드시 승리할 사람입니다.

여러분은 예수님의 공로로 구원받고 예수님의 능력을 인정하고 믿는 믿음이 오늘 하나님의 능력을 체험하고 하나님의 권능을 붙들 수 있고 하나님의 사랑을 만나는 사람마다 전하고 간증할 응답의 사람입니다.

우리는 하나님 앞에서 존귀한 사람입니다.

부족하고 못나고 배운 것 없고 가진 것 없어도 우리의 이름 석자를 하나님 손바닥에 새기시고 우리를 잠잠히 사랑하시고 우리로 인하여 기쁨을 이기지 못하시는 하나님이 우리의 아버지이십니다.

오늘부터 걱정하지 말아요.

오늘의 고난과 문제는 여러분들로 하여금 하나님의 능력을 체험하게 하고 하나님의 축복을 받아 누리게 하시려는 하나님의 사랑입니다.

이제는 방 안에서 웅크리고 자신을 탄식하고 원망하는 지금의 그 자리에서 일어나십시오.

어두운 저 창의 커튼을 열고 창문을 활짝 열어 보세요.

하늘에 밝은 태양이 우리 곁에 다가오고 있잖아요.

예수님의 빛은 지금 우리를 향하여 다가오고 있습니다.

■ 따라서 해요.

"나는 다시 일어나서 잘될 사람입니다."
아멘

78 | 알지 못할 때와 알고 난 후
(행17:29-31)

 하나님은 멀리 계시지 않습니다.

바로 우리 곁에 우리 안에 함께 살아가고 있습니다.

예수님은 세상 끝 날까지 우리와 함께하시기에 예수님은 마음에 근심하지 말라고 하셨습니다.

예수님이 우리 안에 계시기에 이제는 우리는 이전 날에 육체의 사람으로 살아가지 않습니다.

이전 날에는 우리의 욕심대로 우리의 감정대로 판단하고 결정하였잖아요. 이제는 우리가 사는 것이 아니고 예수님이 사시는 하나님의 사람이기에 우리는 예수님의 형상을 닮고 예수님의 냄새가 나는 예수님의 인격을 가진 예수님의 자녀입니다.

예수님은 우리의 일거일동을 다 살피십니다.

예수님은 우리의 약함이 무엇인지를 알고 계시고 약한 자도 강하게 하실 능력이 있으시고 가난한 자 부하게 하실 권세가 예수님께는 있기에 **수고하고 무거운 짐 진 자들아 다 내게로 오라**고 하실 권능의 하나님이십니다.

예수님은 포도나무요 우리는 예수님의 가지이니 우리는 예수님 없이는 아무것도 할 수 없고 예수님 없이는 한걸음도 나갈 수가 없는 연약한 모습을 예수님을 알고 우리를 끝까지 사랑하십니다.

본문은

우리가 알지 못할 때 허물과 잘못은 묵인하셨지만 이제는 많은 사람을 통하여서 어디든지 회개하라고 선포하시고 알게 한 후에는 깨달음을 표적을 주시고 믿을 수 있도록 하신다는 하나님의 말씀입니다.

여러분은 예수님의 보혈로 죄 사함 받았고 예수님의 피가 우리의 죄를 사하여 주셨고 우리의 연약함도 예수님의 부활의 능력으로 강해지고 병든 자도 예수님의 이름으로 고침 받고 가는 곳마다 예수님의 이름으로 승리할 축복의 사람입니다.

하나님은 여러분을 멸시하시지 않습니다.

다만 알고 난 후에도 행치 아니하고 알고 난 후에도 하나님을 영화롭게 하지 않으면 하나님은 깨달음의 증거를 주시고 다시 우리로 하여금 회개하고 하나님의 축복의 자리로 나가게 하시는 것입니다.

여러분은 알고 난 후에 모습은 날마다 변하여 가고 회개하고 달라진 모습은 하나님의 축복을 담을 그릇이 되었습니다.

비록 아직도 세상의 죄악을 버리지 못하고 어두운 골목길 헤매고 다녀도 여러분은 하나님의 성령이 계시고 예수님의 이름이 있는 예수님의 성전이시기에 여러분은 다시 주님을 부르고 다시 주님을 의지할 하나님의 자녀가 된 사람입니다.

오늘부터 걱정하지 말아요.

지금의 실패 앞에서 지금의 고난 앞에서 질병 앞에서도 두려워하지 말아요.

하나님은 여러분은 버리시지 않습니다.

하나님은 여러분을 잊지 않고 우리의 이름을 손바닥에 새기고 날마다 우리를 기다리고 계십니다.

여러분은 두고 보십시오.

지금의 질병은 예수 이름으로 떠날 것이고 가난과 문제와 고난은 해결될 것이고 하나님의 권세가 나타날 축복의 그릇입니다.

따라서 해요.

> "나는 내 인생의 기적을 가져올 사람입니다."
> 아멘

예수님께 사용될 사람

(행17:32 34)

오늘도 좋으신 하나님은 합력하여 선이 되게 하십니다. 한밤을 지새우며 울음으로 보냈다 하여도 오늘 아침 하나님은 우리에게 새로운 기쁨을 준비하셨고 행복을 준비하셨고 소망을 주실 것이며 도리어 어젯밤 슬픔 때문에 그것 때문에 도리어 더 좋은 일들로 채우실 하나님을 찬양합니다.

하나님 세상 끝 날까지 우리를 떠나지를 않습니다.

부모는 우리를 버려도 하나님은 우리를 버리지 않습니다. 세상은 우리를 멸시하고 천시하여도 하나님은 우리를 존귀하게 보십니다.

예수님이 함께하시는 길에는 예수님의 능력이 동반되고 예수님의 동행하는 그 길에는 예수님의 기적이 나타납니다. 누구든지 예수를 믿으면 예수님의 하신 일을 그도 할 수 있는 것은 예수님이 오셔서 일하시기 때문입니다.

예수님은 우리를 버리고는 일하시지 않습니다.

예수님은 우리를 사용하시고 우리를 통하여 예수님을 세상에 나타나시기를 원하십니다.

우리는 예수님이 우리를 통하여 나타날 때만이 세상의 소금이 되고 세상의 빛이 될 수가 있습니다.

본문은

아덴 동네에서도 하나님이 바울을 사용하셔서 복음을 듣고 믿는 믿음의 사람들로 만들었다는 말씀입니다.

여러분은 어디를 가든지 예수님에게 사용될 사람입니다.

우리가 비록 부족하고 모자라도 예수님은 우리의 입을 사용하시고 우리의 사고방식을 성품을 사용하십니다.

예수님은 예수님 위해 열매를 맺는 가지는 더 열매를 맺게 하려고 깨끗케 하시고 더 복을 받게 하려고 더 큰 은혜를 주시는 하나님이십니다.

여러분은 말 한마디도 하나님께 사용되려고 힘을 쓰는 사람입니다.

어디를 가든지 누구를 만나든지 우리는 예수님을 위하여 사용되고 사용될 사람입니다.

여러분은 주님을 사랑하시기에 날마다 예수님을 닮아가려고 몸부림칩니다.

예수님의 마음을 닮고 예수님의 형상을 닮기를 사모하고 예수님의 축복을 그대로 받기를 힘쓰고 예수님의 능력을 행하면 예수님의 권세를 흠모하시는 여러분은 복이 있습니다.

예수님은 예수님을 위하여 사용되려고 몸부림치는 사람을 더 크게 사용하시려고 깨끗케 하여 주시기에 여러분은 예수님의 마음을 알고 예수님의 사랑을 알고 예수님을 위하여 살아가는 여러분은 장차 크게 복을 누릴 사람입니다.

여러분은 여러분에게 주어진 모든 것은 예수님의 것으로 인정하고 예수님의 것으로 믿습니다.

지금은 비록 예수님을 잊은 것 같아도 여러분은 끝까지 예수님을 사랑할 축복의 사람입니다.

■ 따라서 해요.

"나는 예수님을 위하여 복을 받아야 할 사람입니다."
아멘

하나님의 아들 예수님이 있는 자는 생명이 있고 아들이 없는 자는 멸망할 영혼이기에 그 영혼은 반드시 예수님을 영접하고 그 이름을 믿고 예수님의 공로를 인정하여야 합니다.

하나님은 생명록과 행위록을 준비하셨고 누구든지 생명책에 이름이 없는 자는 멸망이요 버림받은 자이며 영원한 지옥의 자리에 머물러야 하는 것입니다.

하나님은 이 땅에 예수 이름의 반석 위에 세운 교회를 통하여서 하나님의 일을 하십니다.

예수 이름의 반석 위에 세운 교회는 음부의 권세를 멸할 능력이 있습니다.

뱀과 전갈을 밟으며 원수의 모든 능력을 제어할 권세를 주셨고 아무도 교회를 흔들 자가 없는 것입니다.

교회는 예수님의 몸이요, 예수님의 이름의 권세요, 예수님의 능력이 나타날 그릇이며 예수님의 빛이 담겨진 하나님이 축복하시는 곳입니다.

교회마다 하나님은 하나님의 말씀을 주셨습니다.

말씀은 곧 예수님이시며 믿는 믿음의 통로를 통하여서 예수님이 예수님의 권능을 행할 근거로 삼습니다.

그러므로 교회는 반드시 하나님의 말씀을 담아야 하고 하나님의 말씀을 가져야 하고 하나님의 말씀을 행하는 능력이 있어야 합니다.

본문은

사도 바울이 하나님의 능력의 말씀에 붙잡혔다는 말씀입니다.

하나님의 말씀은 살았고 운동력이 능력이 나타나고 좌우의 날선 검보다 예리하다고 하심은 하나님의 말씀에 붙잡힐 때 하나님이 찾아오시며, 하나님의 능력이 임하시는 축복의 시간이면 하나님의 능력을 체험할 것이며, 하나님을 인정할 권세가 보이는 것입니다.

여러분은 하나님의 말씀은 일점일획이라도 변함이 없을 것을 믿습니다.

여러분은 하나님의 말씀은 예수님 자신이며 그 말씀은 성령의 검이며 하나님의 말씀이 임하는 곳마다 죽은 자가 살아나고 병든 자가 고침 받고 가난한 자가 부유의 복을 받고 약한 자가 강한 자로 새롭게 태어날 능력임을 믿습니다.

여러분은 하나님의 말씀을 주야로 묵상하고 베뢰아 사람처럼 그 말씀이 그런가 하여 깊이 생각하고 하나님의 말씀을 묵상하시는 복 있는 사람입니다.

비록 지금은 버림받은 것 같고 온몸에는 질병이 엄습하였고 실패와 고통이 가득하다 하여도 여러분은 절망에만 빠지지 않습니다.

성령의 검인 하나님의 말씀을 붙들고 다시 무릎을 꿇고 살아 계신 하나님을 바라보시는 여러분은 승리의 사람입니다.

여러분은 기어코 능력의 하나님의 말씀을 붙들고 일어서서 하나님의 능력을 나타내실 권세의 여러분은 반드시 성공할 사람입니다.

오늘부터 걱정하지 말아요.

하나님의 말씀이 가슴에 머물고 있는 이상 하나님의 능력은 나타나고 성령의 증거는 찾아올 것이니.

■ 따라서 해요.

"나는 다시 일어나 반드시 행복할 사람입니다."
아멘

81

할 말은 다해라

(행18:8-11)

하나님은 사랑이십니다.

하나님의 사랑은 독생자 예수님을 십자가에 못 박아 죽게 하여 하나님의 자녀들의 죄를 용서하시고 구원하시는 표징이 하나님의 사랑이십니다.

우리가 죄인 되었을 때 우리가 하나님과 원수 되었을 때도 하나님의 아들 예수님은 우리를 위하여 십자가에 달리셔서 죽으셨습니다.

하나님의 사랑은 죄악의 세상을 사랑하셨고 죄인의 죄를 용서하여 주셨습니다.

누구든지 하나님의 사랑을 인정하고 예수님을 구원의 주님으로 인정하기만 하면 영혼은 거듭나고 예수님은 우리의 목자가 되실 것이며, 우리는 시냇가에 심은 나무처럼 잎사귀도 마르지 않고 시절을 좇아 열매를 맺고 그 행사가 다 형통할 하나님의 자녀가 되는 권세를 주셨습니다.

하나님은 우리에게서 멀리 계시지를 않습니다.

하나님은 우리에게 생명을 주시고 호흡을 주시고 만물을 주셨으니 하나님은 인생의 주인이십니다.

하나님은 성령으로 통하여서 날마다 우리 안에 오셔서 우리와 이야기하시기를 원하시고 하나님은 우리의 모든 것을 주관하시고 지배하시기를 원하십니다.

우리 입에 하나님의 말씀을 넣어 주셨고 우리 생각에 예수님의 생각을 하게 하시고 진리를 담게 하셨습니다.

본문은

세상에서 바른말, 곧 복음을 담대하게 말하라는 말씀입니다.

여러분은 지옥으로 달려가는 자에게는 지옥으로 가고 있다고 말하는 사람이며, 복음이 아닌 다른 진리를 말하면 여러분은 담대하게 바른말을 할 능력이 있습니다.

여러분은 교회에서나 집에서나 직장에서나 예수님의 말을 할 수 있고 예수님의 진리를 말하고 예수님의 능력을 말할 권세를 갖고 있습니다.

아무도 여러분을 대적할 자가 없게 하셨습니다.

아무도 여러분을 해롭게 할 자가 없습니다.

여러분은 세상에서 가진 것 없어도 살아 계신 예수 이름은 있잖아요.

여러분이 가진 예수 이름은 능치 못함이 없는 이름입니다.

여러분은 결코 과소평가할 가치 없는 사람이 아닙니다.

비록 지금은 부족하고 모자라고 힘이 없는 것 같아도 낙심하지 말아요. 절망하지 말아요.

배운 것 없고 가진 것 없다 하여도 근심하지 말아요.

하나님은 강한 자를 부끄럽게 할 만큼 여러분을 강하게 하실 수가 있으시고 죽은 자를 살리시고 병든 자를 고치시는 예수님의 권세가 강하게 나타날 축복의 사람입니다.

예수님을 사랑하시나요?

그러면 세 번 고백해 보세요.

예수님을 사랑합니다. 예수님을 사랑합니다. 예수님을 사랑합니다.

따라서 해요.

"나는 평생에 예수님만 따라갈 사람입니다."
아멘

82

유익을 주어라

(행18:24-28)

육체의 일은 현저하여 썩어진 것을 거두고 성령의 열매는 금지할 법이 없습니다.

하나님은 우리에게 생명의 성령의 법을 주셨고 누구든지 예수님을 믿는 자에게는 생명의 능력이 나타나고 누구든지 부활하신 예수님을 믿는 자에게는 이런 표적이 따르게 하셨고 누구든지 귀신을 쫓을 권세를 우리에게 주셨습니다. 뱀과 전갈을 밟으며 원수의 모든 능력을 제어할 권세를 주셨습니다.

하나님은 능력이십니다.

누구든지 예수님을 믿는 자에게는 자녀가 되는 권세를 주셨으니 이는 혈통으로나 육정으로나 사람의 뜻으로 자녀가 된 것이 아니라 하나님으로 말미암았습니다.

하나님은 내 영혼의 아버지이십니다.

죽었던 우리의 영혼을 살리시고 임마누엘의 하나님으로서 우리와 항상 함께하시고 지키시고 보호하시고 주님의 지팡이와 막대기로 안위하여 주셨습니다.

하나님은 만유보다 크시기에 아무도 하나님의 손에서 영생 얻은 우리들을 빼앗을 자가 없으며 악한 자가 우리를 손대지 못하게 지키시고 보호하시고 안위하실 능력이 하나님에게는 있습니다.

하나님은 사랑이십니다.

지신의 생명을 들고 땅에 내려와서 자신이 하신 말씀을 이루시려고 십자가를 택하셔서 십자가에 생명의 피를 흘리시고 말씀의 제물이 되어서 희생의 양으로 드려졌고 예수님은 화목 재물이 되셨습니다.

본문은

아볼로라는 성경학자가 브리스길라의 부부 집사에게 성경의 도를 더 깨닫고 아가야로 건너가서 많은 사람들에게 유익을 주었다는 말씀입니다.

여러분은 예수님의 마음을 품고 살아가는 사람입니다.

여러분은 말을 하여도 예수님의 말을 하고 어디를 가든지 예수님을 전하려고 몸부림치고 예수님의 자랑을 할 예수님의 자녀입니다.

우리는 좁은 길을 택하였고 사명의 십자가를 선택하였으며 예수를 위하여 생명을 드릴 각오로 헌신하고 충성하고 사랑하는 여러분은 예수님의 향기입니다.

가는 곳마다 많은 사람들에게 구원의 빛을 비추이고 가는 곳마다 예수님의 권세를 나타내어서 많은 사람들에게 하나님의 영광을 드리는 여러분은 복 있습니다.

여러분은 유익을 주기 위하여 세상에 태어났고 여러분은 사랑하기 위하여 태어났으며 여러분은 오직 예수를 위하여 태어났으니 여러분은 세상의 빛이십니다.

여러분 없으면 예수님의 빛을 비출 방법이 없습니다.

여러분은 예수님을 나타낼 축복의 통로입니다.

우리는 이제 두려워하지 않습니다.

우리는 지금의 질병과 실패에서 고난에서 일어나 무덤을 열고 살아나신 예수님을 붙들고 세상에 유익을 주는 예수님의 사람입니다.

따라서 해요.

> "나는 예수님의 통로로서 세상에 유익을 주는 사람입니다."
> 아멘

83

성령을 받았느냐

(행19:1-7)

양지와 음지가 있는 것처럼 넓은 길과 좁은 길이 있습니다.

하나님은 우리를 생명의 길인 좁은 길로 가게 하셨고 넓은 길은 멸망의 길이라고 설명하셨습니다.

하나님은 복과 화를 우리에게 남겨 두셨습니다.

복의 길을 택할 권리를 우리에게 주셨고 화를 자초할 길을 택할 권리도 우리에게 주셨기에 우리는 예수님이 주신 성령의 분별의 은사를 사모합니다.

예수님은 낮아지셨습니다.

종처럼 사람처럼 낮아지셨고 십자가의 고난 앞에서도 아무 말씀 하시지 않으셨고 묵묵히 우리의 죄과를 스스로 담당하셨습니다.

예수님은 만세 만대로부터 영광을 받을 자격이 있고 영광의 주인이십니다.

예수님은 땅 위의 자녀들이 말씀에 아멘만하고 예수님의 말씀에 동의만하여도 예수님은 영광을 받습니다.

예수님은 자녀들에게 영광을 거두기 위하여서 성령을 주셨습니다.

누구든지 성령으로 아니하고는 예수님을 구주라고 고백할 능력이 없습니다.

예수님의 영이신 성령은 우리로 하여금 예수님을 닮게 하셨고 예수님의 사랑을 배우고 예수님의 권세를 선물로 주셨습니다.

예수님은 값없이 누구든지 와서 포도주와 젖을 사라고 하심은 예수님의 모든 것은 자녀들을 위하여 남겨 두셨고 이름을 남기시고 말씀을 남기셨습니다.

본문은

에베소 교회 방문한 바울이 질문합니다.

성령을 받았느냐고요 아무도 요한의 세례만 받을 뿐 성령을 받은 적이 없다고 할 때 그들에게 안수하시매 열둘 정도 성령을 받았다는 말씀입니다.

여러분은 예수님을 소유한 부자입니다.

예수님은 천지를 창조하셨고 예수님은 모든 것을 지배할 능력이 있고 예수님은 모든 것을 사랑할 능력도 있습니다.

예수님은 성령을 통하여서 지금은 일하십니다.

예수님은 인간의 힘을 빌리고 인간의 눈치를 보시고 인간의 마음에 귀를 기울이지 않습니다.

예수님은 성령으로 통하여서 항상 우리에게 빛을 비추십니다.

예수님이 보내신 성령을 우리에게 선물하셨고 새 방언을 말하고 성령의 능력을 담고 있으니 여러분은 이제 두려워할 이유는 없습니다.

여러분은 지금의 믿음이 부족하고 나약한 것 같아도 이제 다시 성령을 의지하고 성령을 바라보고 성령 따라 살면 여러분은 오늘 복을 받은 사람입니다.

성령과 함께 지금의 실패의 자리에서 일어날 것이며 지금의 질병에서 고침을 받을 것이며 오늘의 좌절에서 다시 승리의 자리로 일어설 사람입니다.

■ **따라서** 해요.

"나는 살아가는 삶의 재미를 느낄 사람입니다."
아멘

84

두 종류의 사람

(행19:8-10)

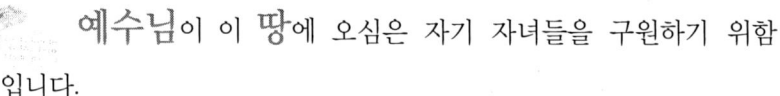 예수님이 이 땅에 오심은 자기 자녀들을 구원하기 위함입니다.

에덴동산의 아담과 하와가 사단의 유혹에 범죄 하므로 모든 사람을 죄인으로 만들었고 모든 사람들을 멸망에 빠지게 하였지만, 두 번째 아담 되시는 예수님은 십자가를 지시고 피 흘리시고 인류의 죄 값을 대신 갚으시고 대신 담당하시고 죄 없으신 예수님은 죄인처럼 붙잡혀서 죄인처럼 침 뱉음을 당하시고 저주 아래 달리심은 우리에게 아브라함의 복을 누리게 하기 위함입니다.

의인되신 예수님이 생명을 주었으니 사단은 더 이상 받을 것이 없으니 지금의 저 사단은 거짓의 아비이며 거짓의 앞잡이가 되어서 지금도 사람을 사용하며 사람 안에 들어가서 가룟 유다를 사용하여서 성령을 훼방하고 성령을 가로막았던 것처럼 지금도 사람을 통하여 사단은 일하고 지금도 사단의 도구들이 존재하고 성령의 그릇도 있으니 사단을 예수님은 대적하라고 하십니다.

뱀과 전갈을 밟을 능력을 우리에게 주셨으며 사망의 음침한 골짜기 안에 머물러 있다 하여도 예수님의 지팡이가 막대기가 우리를 지키시고 우리에게는 대적할 자 없다고 예수님은 선언하셨습니다.

본문은

바울의 강론에 마음이 굳어서 불순종하고 무리들 앞에서 비방하는 사람들이 있었지만 한편으로는 모두 다 순종하고 하나님의 약속을 믿었다는 두 종류의 사람입니다.

여러분은 성령의 사람입니다.

여러분은 하나님의 나라를 위하여 몸부림치며 하나님 아버지 집을 위하여 애를 쓰는 사람입니다.

우리는 육신의 생각에서 벗어난 사람입니다.

우리는 성령으로 생각하고 성령으로 판단하고 성령으로 말하는 성령의 사람입니다.

우리는 사단의 하는 일을 잘 알고 있습니다.

사단은 사사건건 성령의 일을 대적하고 교회의 일에 훼방을 놓습니다.

우리의 건강을 훔쳐가고 행복을 가져가고 가정을 파괴시키고 실패를 주고 병을 주고 도적질합니다.

하나님의 나라의 일을 방해하고 지체하게 하고 이루지 못하게 하는 사단의 행위를 우리는 용납하지 않습니다.

사단의 행위를 우리는 두려워하지 않습니다.

담대하게 예수 이름으로 대적할 믿음이 있습니다.

예수님의 은혜를 우리는 잊지 않습니다.

예수님은 지금도 멀리 계시지 않으며 우리에게 호흡을 주셨고 우리에게 힘을 주셔서 기동하게 하셨습니다.

예수님은 포도나무요, 우리는 그의 가지입니다.

예수님이 죽음에서 살아나셨으니 우리도 살아나며, 우리는 어떤 고난과 절망 앞에서도 우리는 뒤로 물러가 망할 사람이 아닙니다.

■ 따라서 해요.

> "나는 평생을 성령의 도구로 사용될 사람입니다."
> 아멘

85

우리는 부자다

(행19:11-12)

복 있는 사람은 악인의 꾀를 좇아가지 않고 주야로 예수님의 말씀을 즐거워하고 그 약속을 믿고 시마다 초마다 묵상하는 사람의 영혼이 복이 있습니다.

영혼이 잘되면 범사가 잘되고 강건하여집니다.

하나님은 독생자 예수님을 세상에 보내심은 예수님을 믿는 자들의 영혼을 잘되게 하시기 위함입니다.

아담이 범죄 할 때 죽은 영혼을 살리시기 위하여 의인이신 예수님이 친히 십자가를 선택하여서 죽었고 보혈을 흘려 우리의 죄 값을 청산하셨고 장사한 지 사흘 후에 예수님의 부활은 예수님을 믿는 우리의 승리입니다.

예수님이 살아나셨으니 우리는 그의 접붙임 되었으니 우리도 살아날 것이며 우리의 죽은 영혼은 다시 새롭게 태어나는 거듭남의 축복을 우리가 누리게 되었습니다.

하나님을 사랑하시나요?

세상의 그 어떤 것보다 우리 죄를 대신 담당하신 예수님을 의지하고 바라보시나요?

하나님은 들리는 대로 행하시는 하나님이십니다.

나는 부자라고 하나님이 들리도록 외쳐 보십시오.

하나님은 불꽃같은 눈으로 우리를 바라보시고 우리의 입술에 들리는 대로 일하시고 나타낼 것이니 하나님은 우리의 주인이시며 하나님은 우리의 능력이시며 하나님은 우리의 길이요 생명이십니다.

하나님은 사랑이십니다.

우리가 아직 죄인 되었을 때 예수님은 십자가를 지시고 우리가 아직 원수 되었을 때 하나님은 독생자를 십자가에 못 박아 죽었으니 하나님의 사랑은 아가페 사랑입니다.

본문은

바울의 몸에 있는 손수건이나 앞치마를 들고 가서 병든 자 위에 얹고 나니 병도 떠나고 악귀도 떠나고 예수님의 능력이 나타나고 예수님의 권세가 믿음을 통하여서 나타나는 놀라운 체험을 하게 된 사건의 말씀입니다.

여러분은 부자입니다.

보이는 동산, 부동산은 없다 하여도 불가능이 없는 예수님 이름을 가졌잖아요.

금도 없고 은도 없다 할지라도 우리는 생명의 예수 이름을 가졌기에 우리는 누구보다도 부자입니다.

가슴에 믿어지면 아멘……

지금 병든 몸에 손을 얹고 예수 이름을 불러 보십시오.

병이 떠나고 건강이 회복됩니다.

지금 실패한 삶의 환경이 둘러싸였다 하여도 오늘 그 자리에서 부하게 하셨던 예수 이름으로 명령하여 봐요.

실패하게 하고 궁핍하게 하고 범죄 하게 하여 하나님의 축복 자리를 피하게 한 더러운 질병과 사단은 예수 이름으로 떠나라고 고함을 쳐 보십시오.

그리고 성령의 역사만이 나타나고 예수 이름의 부유함만 이루어지라고 명령하여 보십시오.

산아 들리어 바다에 던지라고 명하고 의심치 않으면 그대로 될 줄 믿으시기를 축복합니다.

우리는 결코 가난한 자가 아니고 우리는 부자입니다.

우리는 반드시 지금의 자리에서 일어나 부자 될 사람 맞습니까……. 아멘

우리는 다시 일어나 잘못은 회개하고 질병에서 고침 받고 예수 이름으로 영광을 돌릴 부자가 될 사람 맞습니까……. 아멘

■따라서 해요.

"나는 가난한 사람이 아닙니다."
아멘

86

말씀으로 세력을 얻어라

(행19:13−20)

아들이 있는 자에게는 생명이 있고 아들이 없는 자에게는 생명이 없는 죽은 자입니다.

세상에서 아무리 존귀한 사람이라 하여도 예수님이 없으면 지옥이요 예수님이 있으면 영생을 얻었습니다.

아들이신 예수님이 죽었다가 살아났으니 살아난 아들 예수님은 우리의 구주가 되실 분이며, 죽었다 다시 살아난 예수님 이외에는 아무도 인생의 길이 되고 진리가 되며 생명이 되실 그 어떤 것도 우리에게는 존재하지를 않습니다.

예수님은 예수님 그 자체가 생명이십니다.

살리는 것은 영이요 육은 무익하기에 예수님은 우리에게 영이신 예수님의 말씀을 들고 우리에게 오셨습니다.

영이요 생명이신 예수님의 말씀은 살았고 운동력이 나타나는 어떤 검보다 예리하고 우리의 마음을 감찰하시는 예수님의 말씀은 살았고 예수님의 말씀은 우리 가까이 주셨고 예수님 자신이 항상 말씀과 함께 우리 곁에 계십니다.

예수님은 말씀으로 존재하시다가 육신을 입으셨기에 예수님은 말씀으로 지금도 계시고 태초에 말씀이 계셨다고 우리에게 들려주셨습니다.

본문은

초대교회 바울의 몸에 수건을 가져다가 병든 자에게 얹으니 병이 떠나고 악귀도 나갔을 때 사람들은 당시에 유행어 하나 만들었습니다.

불신의 사람들도 누구나 마술사들도 바울이 전파하는 예수 이름을 빙자하여 명하노니 악귀는 나가라고 명령하고 다닐 때 제사장의 아들도 시험적으로 말씀의 능력도 없이 그 말하다가 악귀에게 붙잡혀서 벗은 몸으로 도망을 갔다는 말씀입니다.

여러분은 복이 있다고 하는 사람입니다.

여러분은 하나님의 말씀을 주야로 묵상하는 사람입니다.

아침마다 시간마다 하나님의 말씀을 묵상하고 베뢰아 사람처럼 하나님의 말씀을 깊이 생각하는 여러분은 사단을 향하여 명령하고 귀신을 향하여 명하고 악귀를 쫓을 능력이, 바로 말씀에서 세력을 얻었기 때문입니다.

하나님의 말씀은 그 자체가 능력이기에 그 말씀에 아멘만 하셔도 여러분에게는 하나님의 능력이 찾아옵니다.

여러분은 항상 깨어 있으며 영혼의 양식을 공급하고 말씀으로 살아가는 여러분은 예수님의 세력이 있습니다.

여러분은 지금의 질병 앞에서 두려워하지 않습니다.

오늘의 실패 앞에서 놀라지 않습니다.

여러분의 가진 말씀의 세력은 성령의 검이 되어서 더욱 강한 사람으로 만들어질 것이며 여러분은 반드시 승리하며 여러분은 반드시 이기고야 말 것입니다.

오늘 아침 질병은 떠나고 악귀도 떠나라 명령하십시오.

그리고 이제부터 아무 걱정 말아요. 염려하지 말아요.

따라서 해요.

"나는 질병과 악귀를 밟아버릴 권세가 있는 사람입니다."

아멘

87 | 힘쓰는 자를 사용하신다

(행19:21-22)

예수님은 영이시니 예수님의 영이 있는 곳에 자유함이 있습니다.

예수님은 포로 된 자를 자유케 하시고 눌린 자를 자유하게 하시기 위하여 성령으로 기름 부으셨고 하나님은 독생자 예수님을 세상의 구주로 세우셨습니다.

성령으로 잉태된 예수님은 여자의 후손이었고 예수님 가시는 곳마다 예수님의 하시는 일에 하나님의 능력, 하나님의 권세가 보였고 죽은 자를 살리시고 문둥이를 깨끗케 하시고 모든 약한 것과 모든 병을 고치셨으니 예수님은 우리의 수고하고 무거운 짐을 대신 짊어질 전지전능하신 구원의 주 하나님이십니다.

예수님은 십자가에 못 박혀 죽었다가 사흘 후에 다시 살아나셔서 하늘에 승천하시고 땅 위에 사용할 사람을 세워 하나님의 일을 하시게 하셨습니다.

하나님은 자신의 일에 사용할 사람을 지명하여 부르시고 그 안에 하나님의 사명을 담고 하나님의 나라를 위하여 일하게 모든 조건을 만들어 주시고 열매를 맺게 하시고 그 열매를 맺는 가지는 더 열매를 맺게 하려고 깨끗케 하여 주시는 하나님을 사랑합니다.

날마다 하나님은 부르십니다.

누가 나를 위하여 갈꼬……. 주여 여기 내가 있나이다.

나를 보내소서라고 간청하였던 이사야의 마음 같은 사람들을 찾고 계십니다.

하나님은 누구를 사용하시고 누구를 부르셔서 복을 주실까요.

본문 22절에 보면 바울을 돕는 자를 보낸 것은 하나님은 하나님 교회를 위하여 하나님의 나라를 위하여 돕는 자를 찾으시고 목회의 동역자를 사용하시고 성전을 위하여 하나님의 일을 위하여 몸 부림치는 사람을 하나님은 사용하시고 그 후손을 복을 주십니다.

여러분은 하나님의 나라를 위하여 먼저 구하고 왔잖아요.

오늘 새벽에 성전으로 달려 나가서 간청하고 간구하신 모든 것은 그의 나라와 그의 의를 위하여 구하고 오셨으니 하나님은 여러분의 가정을 여러분의 자녀를 사업장을 도우시려고 천군천사 보내 주시고 하나님의 도구로 여러분을 불러서 사용하실 것이니 여러분은 자손만대 복을 받을 사람입니다.

비록 지금은 하나님을 떠났다 하여도 다시 오늘 일어나요.

실망하고 낙심하고 인간관계 실패하고 좌절하여 어두운 골방에 앉았다 하여도 오늘 다시 일어나 주님께로 나가요.

하나님은 여러분을 기다리시고 계십니다.

하나님을 도우려고 힘쓰는 자를 하나님은 찾고 계십니다.

하나님은 여러분을 버리시지 않습니다.

아무리 못 배우고 가진 것 없고 하는 일 없어도 오늘부터 다시 일어나 성전에 나가서 교회를 위하여 예수를 위하여 할 일이 무언가를 찾고 일어서면 하나님은 여러분을 사용하십니다.

오늘 결심하십시다.

평생을 하나님께 사용될 사람으로 살기를 말입니다.

■따라서 해요.

> "나는 할 일이 있기에 오래 살아야 할 사람입니다."
> 아멘

억지를 버려라

(행19:23-41)

하나님의 은혜의 복음을 증거하기 위하여서 생명을 조금도 아끼지 않을 수 있는 것은 예수님이 우리에게는 세상에서 가장 소중하기 때문입니다.

주 예수보다 귀한 것은 없다고 찬양하는 찬양이 오늘 아침 내 민족 위에 나라 위에 가득하기를 축복합니다.

너희 안에 이 마음을 품으라. 곧 그리스도 예수의 마음 누구나 그 마음을 품어야 살고 누구나 예수님의 생각을 가질 때에 예수님 의 능력이 나타날 것이며 예수님의 소망을 가질 수 있게 하신 예수 님을 찬양합니다.

예수님의 삶은 짧았지만 예수님은 이 땅에 오셔서 예수님이 하셔야 할 일을 다 하셨고 이루실 것은 다 이루셨으며 가실 곳은 다 가셨으니 예수님은 삶은 결코 짧은 삶은 아니었습니다.

마지막 십자가에 달리셔서 다 이루었다고 한마디 남기시고 영혼이 돌아가셨다가 사흘 후에 무덤을 열고 다시 예수님은 살아나셨으니 예수님은 우리의 구원의 주님, 능력의 주님, 권능의 하나님, 우리 주은 영혼을 책임지실 전지전능하신 하나님이심을 고백합니다.

본문은

아데미 사람들이 만든 인조 신을 만들어서 사람들을 우상화하게 하였고 하나님을 반역하고 대적하는 그들이 바울의 외친 복음에 큰 영향을 받고 큰 손실을 가져올 앞날에 바울의 친구들도 믿음의 사람들을 관청에 고소하였지만 불법집회로 결론을 내리고 그들의 모임을 흩어버렸다는 말씀입니다.

여러분은 장수하여야 할 사람입니다.

여러분은 건강하여야 할 사람인 것은 여러분은 예수 위해 할 일이 있는 사명의 사람이며 여러분은 잘되어야 할 형통할 사람입니다.

아무리 못생겨도 아무리 가진 것 없다 하여도 우리는 모두 할 일이 있고 사명이 있고 은사가 주어졌기에 여러분은 귀하고 존귀할 사람입니다.

남들은 우리를 비방하고 수군거리고 멸시한다 하여도 우리는 버려질 사람 아니며 우리는 장차 강할 사람이며 우리는 다시 일어나 예수님의 손에 사용될 축복의 사람, 권능의 사람, 사랑의 사람입니다.

지난날의 우리의 잘못도 우리는 과감하게 버릴 줄 알고 우리의 허무한 삶과 육신의 생각과 탐심에 젖었던 모든 잘못을 우리는 회개하고 돌이키고 다시 주님 바라보고 다시 예수님 말씀 붙들고 하나님 나라를 위하여 땀 흘리고 예수님 나라를 위하여 헌신할 여러분은 세상에서 살아갈 가치가 있는 살맛날 사람입니다.

오늘부터 아무 걱정하지 말아요.

아무리 배운 것 없다 하여도 염려하지 말아요.

아무리 가난하고 헐벗었다고 하여도 낙심하지 말아요.

주님을 멀리 떠났다고 하여도 포기하지 말아요.

우리는 이미 성령으로 거듭난 영혼이며 우리는 하나님이신 예수님이 우리의 영혼의 아버지이시며 세상 끝 날까지 하나님이신 예수님이 우리와 함께 하실 것이며 두려워 말라고 놀라지 말라고 하신 하나님이 우리의 아버지이시기에 오늘 여러분을 굳세게 하실 것이며 우리를 강하게 하실 것이며 붙들어 주실 예수님을 찬양합니다.

■ **따**라서 해요.

> "나는 사명 때문에 부자 되어야 할 사람입니다."
> 아멘

89 │ 생각보다 다를 수 있다

(행20:1-12)

예수를 믿는 사람들을 세상 사람들은 뭐라고 말할지는 몰라도 악인의 꾀를 따라가지 않고 죄인의 길에 서지 않고 주야로 하나님의 말씀을 묵상하는 사람이라면 그 사람은 시냇가에 심겨진 나무 같고 죽은 것 같은 생명이 영생을 얻고 주홍 같은 붉은 죄 사함을 받을 수 있으며 망할 것 같아도 일어나며 병들어 죽을 것 같아도 다시 살아날 능력은 우리가 믿는 예수님이 죽음에서 다시 살아난 증거입니다.

예수님은 우리를 위하여서 부활하셨습니다.

사람들은 예수를 못 박아 죽였고 예수님을 창에 찔러 예수님의 죽음을 확인하였고 예수님은 다시는 세상에서 볼 수 없는 죽고 망한 사람이라고 무덤에 인봉하였지만 예수님은 다시 살아나셨잖아요.

예수님은 부활이요 생명이심은, 죽은 것 같은 우리에게 살아날 능력을 주셨고 생명을 주셨고 영생을 담을 그릇 만들고 우리를 자녀 되게 하셨습니다.

예수님은 전지전능하신 하나님이십니다.

하나님과 하나이시고 본체이시나 하나님과 동등함을 여기지 않으셨으니 종처럼 사람처럼 낮아지셨고 뺨을 맞고 수난을 당하심은 우리의 죄 값을 대신 청산하시기 위하여 우리의 모든 죄를 담당하셨고,

예수님은 그 죄 값을 십자가에 죽음을 선포하시므로 예수를 믿는 자들에게 모든 죄가 용서를 받았습니다.

본문은

바울의 강론을 오래 듣다가 졸음에 못 이겨서 창에 떨어져 죽었다고 다들 말하였지만 바울은 생명이 있다고 말하고 죽은 자를 다시 살리신 하나님의 능력을 말씀하십니다.

여러분은 성령이 성전삼고 있는 하나님의 자녀입니다.

여러분은 세상에 살지만 여러분의 영혼은 영생의 맛을 보고 살아나고 있으며 여러분 안에는 생명이 있습니다.

여러분은 세상 사람들이 알지 못하는 하나님의 능력이 동행하는 것은 성령으로 오신 예수님이 계시기에 그렇습니다.

여러분은 꺼꾸러뜨림을 당하여도 망하지 않는 것은 여러분 안에는 예수님이 좌정하시고 예수님의 말씀이 그 안에 있기에 우리는 예수님의 능력이 우리를 따르고 있으니 우리는 예수님의 권세를 나타낼 능력의 사람입니다.

여러분은 예수님의 일을 할 수 있는 믿음의 사람입니다.

우리는 그보다 더 큰일을 지속할 수 있는 것은 우리 안에는

하나님의 아들 예수님이 영으로 우리에게 오셔서 우리를 사용하

시고 우리를 통하여 일하시기에 이제는 우리가 사는 것이 아니요, 우리 안에 예수님이 사시는 것입니다.

우리는 다시 일어날 사람입니다.

오늘의 질병에서 메여서 죽을 사람이 아닙니다.

지금의 실패와 한숨과 눈물 속에서 포기할 사람 아닙니다.

우리에게는 다시 살아나신 예수님이 계시기에 우리는 다시 세상을 이길 능력이 우리에게 있습니다.

따라서 해요.

> "나는 사명 때문에 병 고쳐야 할 사람입니다."
> 아멘

90

성령의 매임을 받아라

(행20:13-24)

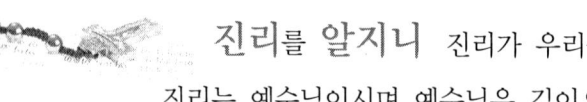 **진리를 알지니** 진리가 우리를 자유케 합니다.

진리는 예수님이시며 예수님은 길이요, 생명이십니다.

예수님은 죄 없으신 성령으로 잉태하신 여자의 후손이십니다.

예수님은 이 땅에 죄인의 죄를 다 용서할 값을 지니고 누구든지 주홍 같은 붉은 죄를 하얀 눈처럼 희게 할 흠이 없고 죄 없으신 하나님이셨습니다.

하나님은 원수 된 인간들의 생명을 살리시고 생명을 주시기 위하여서는 담당할 가치 있는 재물이 드려져야 하였으며, 하나님이 친히 십자가를 지셨고 죽으시고 피 흘려 사함의 번제를 드려야 하였기에 성령으로 오셔서 마리아의 몸을 통하여 태어나시고 성경대로 십자가를 지시고 죽은 지 사흘 후에 다시 무덤을 열고 살아나셨으니, 예수님은 우리의 구원의 주님이시며 능력이십니다.

예수님은 마귀의 일을 멸하러 오셨습니다.

마귀는 구원을 방해하고 사람을 지옥으로 끌고 가려고 온갖 방법으로 우리를 미혹하고 육신의 사람으로 하나님과 원수가 되게 하고 하나님을 떠나게 하려는 계략을 꾸미는 마귀의 일을 예수 이름 아니고는 멸할 수가 없는 것입니다.

질병은 마귀의 일이기에 예수님은 병을 고치셨습니다.

더러운 귀신은 마귀의 사자이기에 예수님은 귀신을 쫓아내었고 예수님을 믿는 자들에게도 권세를 주어서 귀신을 쫓을 권능을 주셨습니다.

이 글을 읽으시는 여러분, 오늘 귀신이 떠날지어다.

질병과 실패와 고난과 고통의 마귀의 일을 멸하시는 예수 이름으로 명하노니 우리 곁에서 떠나라.

본문은

성령에 매여 살아가는 삶의 고백입니다.

은혜의 복음을 전하기 위하여서는 생명도 귀하게 생각하지 않는다는 바울의 고백입니다.

환란과 결박이 기다린다 하여도 성령에 매임의 사람들의 삶은 하나님이 책임지시는 성령의 사람입니다.

여러분은 성령으로 거듭났고 성령으로 나타나시는 예수님의 증거가 있고 예수님의 능력이 성령으로 증거를 주신 하나님을 찬양합니다.

여러분은 이제는 여러분이 사는 자가 아닙니다.

여러분은 예수님이 성령으로 오셨기에 성령으로 생각하고 성령으로 판단하고 성령으로 말하는 예수님의 자녀입니다.

우리는 이제 잘될 사람입니다.

영혼이 잘되었기에 내 영혼은 예수님의 성령으로 매였기에 어디를 가든지 우리는 예수를 증거 할 증인입니다.

오늘 병을 떨쳐 버리고 일어날 수 있을 겁니다.

더러운 귀신은 떠날 것이고 고난과 문제는 해결될 것이며 이제는 어두운 골방에서 달려 나와 성전으로 달려 나가 회개하고 돌이키고 성령의 충만을 받고 성령의 인도함을 받을 여러분은 복이 있습니다.

따라서 해요.

> "나는 사명 때문에 영적 권세가 있어야 할 사람입니다."
> 아멘

91

아무 걱정 하지 말라

(행20:25 - 38)

예수님의 이름을 임마누엘이라고 합니다.

번역하면 하나님이 우리와 함께 하신다는 뜻입니다.

범죄 한 인간들에게 허물과 죄를 사하시려고 하나님이신 예수님이 오셨고 하나님과 인간들에 원수 되었을 때 어린양 예수님이 희생의 재물로 드리기 위하여 독생자 예수님이 오셨고 이제는 성령으로 오셔서 영원토록 우리와 함께하십니다.

하나님은 세상을 이처럼 사랑하사 예수님을 주셨으니 누구든지 예수님만 믿으면 멸망치 않고 영생을 주시고 하나님을 아바 아버지라고 부를 수 있게 성령으로 인치시고 하나님을 영의 아버지로 섬길 수 있게 하셨습니다.

하나님은 사랑이십니다.

아무 대가를 바라지 않고 하나님과의 동등함을 인정치 않고 종처럼 낮아지신 예수님의 십자가의 죽음은 하나님의 사랑의 절정입니다.

목숨을 줄 수 있는 사랑의 흔적은 십자가이시며 승리의 흔적은 죽음에서 다시 살아난 부활의 사건입니다.

예수님의 사랑으로 나타난 십자가의 희생과 고난의 캄캄한 절망의 무덤을 열고 빛으로 오신 예수님은 사단의 어둠에 포로 된 자를 자유케 하셨고 마귀의 눌림에서 자유케 하셨으니 우리는 승리할 하나님의 자녀입니다.

본문은

환란과 결박이 기다리는 죽음의 선교 현장으로 떠나면서 이리 같은 사단의 흉악한 궤휼에서 지키실 하나님의 아들 예수님이신 말씀께 그들을 부탁하는 말씀입니다.

오늘부터 여러분도 걱정하지 말아요.

사단의 이리들이 우는 사자같이 삼킬 자를 찾아 나서도 오늘부터는 염려하지 말아요.

삶에 고난과 고통과 실패와 낙심과 좌절의 구렁텅이에서 잠겼다 하여도 이제부터는 두려워하지 말아요.

여러분에게는 고난을 실패를 부탁할 예수님이 있잖아요.

우리에게는 하나님이신 예수님의 영이신 성령님이 있고 사망의 음침한 골짜기에서 안위하시고 지키시는 예수님의 지팡이와 막대기가 있는 형통할 사람 맞습니까.

우리는 때로는 사단의 포로에서 고통 중에 슬퍼할 수도 있고 마귀의 눌림의 흔적 앞에서 절망할 수도 있지만, 오늘 새벽 주님 계신 성전으로 달려 나가서 부르짖고 맡기고 부탁하고 온 것은 우리에게 우리를 지키시는 천지를 창조하신 하나님이 아버지이시고 구하는 자에게 좋은 것을 주시는 예수님이 계시기에 우리는 이제 담대할 수가 있습니다.

오늘 말씀이신 예수님께 부탁하였으니 그 말씀이 우리를 든든하게 지키실 것이요, 그 말씀이 우리의 기업이 될 것이며 말씀이신 예수님은 만유보다 크시매 아무도 우리를 하나님의 사랑에서 빼앗을 자가 없음을 믿으시길 바랍니다.

따라서 해요.

> "나는 예수님 때문에 성공해야 할 사람입니다."
> 아멘

92

성령으로 세상을 이겨라

(행21:1−14)

성령으로 아니하고는 예수님을 주시라고 할 수가 없습니다.

성령님은 하나님이 보내신 보혜사 성령으로 예수님의 영이시기에, 예수님과 똑같은 하나님이시며 예수님과 똑같은 능력과 권세가 있는 하나님이십니다.

예수님이 십자가에 못 박혀 죽었다 사흘 만에 다시 살아나 하늘에 오르신 지 열흘 후에 성령을 사모하는 기도하는 마가 다락에 임한 성령님은 지금 온 세상에 가득합니다.

누구든지 예수님을 영접하고 예수님의 약속을 믿는 자는 남녀노소, 빈부귀천 누구에게나 죽은 영혼 다시 거듭나게 하시고 예수님을 나의 구주라고 부르고 하나님을 아버지라고 부를 수 있는 것은 성령으로 거듭났기에 그렇습니다.

성령으로 예수님이 오셔서 우리에게 은사를 주시고 예수의 일을 하게 하시고 또 예수님을 위하여 일하게 하시고 예수님을 사랑하게 하셨으니 성령으로 아니하고는 이 시대에 예수님의 일을 할 수가 없습니다.

성령은 사모하는 자에게 찾아오시고 중심을 살피시고 예수님이 그 안에 있는 자에게 오셔서 예수님의 일을 하게 하십니다.

예수님의 엉이 오셨고 예수님의 능력을 가시고 오셨기에, 누구든지 예수님을 믿고 성령과 함께하는 사람은 예수님이 이 땅에서 하신 일을 하는 사명의 사람입니다.

예수님과 동행하는 성령의 사람은 예수님의 하신 일을 할 뿐 아니라 그보다 더 큰일을 할 수 있는 것은 예수님이 오셔서 예수님의 일을 하시기에 예수님의 큰일이 사람으로 통하여 믿는 자를 통하여 나타나고 있습니다.

예수님은 일하시는 하나님이십니다.

성령으로 살아가는 사람들은 성령이 함께 계시고 성령으로 살아가는 사람들은 성령의 말을 하는 것입니다.

본문은

바울의 삶은 성령에 매임을 따라 살아가기에 환란과 결박이 기다리는 선교의 현장으로 달려가는 길에 많은 사람들이 성령으로 예언으로 위험한 현장으로 가지 말라고 강권하지만 성령으로 사명을 감당하는 바울의 마음은 이미 죽음을 각오한 결심을 아무도 말릴 수가 없었다는 말씀입니다.

여러분은 사명으로 살아가는 성령의 사람입니다.

성령의 법은 아무도 막을 수가 없고 세상의 법으로는 이길 자가 없습니다.

성령으로 살아가는 사람들은 반드시 세상을 이깁니다.

여러분은 오늘까지 성령으로 인도함을 받고 예수님의 약속 바라보고 힘들고 어려운 지금의 십자가 사명 따라가는 것은, 오직 성령으로 사명을 감당하고 죽음을 이길 성령의 권세를 소유하였기에 여러분은 사단을 이길 사람입니다.

오늘의 어지럼증과 약함과 질병을 무서워하지 말아요.

성령으로 죽기를 각오한 여러분은 오늘 질병을 이기고 실패를 딛고 절망의 터널에서 반드시 이길 사람입니다.

오늘부터 성령으로 판단하고 마음에 걱정하지 말아요.

여러분은 하나님의 손에 붙들린 도구요, 예수님의 사명자이기에 하나님은 일평생 여러분을 강하게 하십니다.

세상에 사단의 소리 앞에 무릎 꿇고 벌벌 떨지 말아요.

우리는 뱀과 전갈을 밟아 버릴 권세를 가진 사람입니다.

■따라서 해요.

> "나는 오늘 세상을 이기고 질병도 고칠 사람입니다."
> 아멘

93 | 사는 목적이 무언가요
(행21:15 — 26)

대저 하나님의 말씀은 능치 못함이 없습니다.

하나님의 입에서 나온 하나님의 말씀은 창조의 능력이 있었고 살았고 운동력이 있기에 하나님의 말씀은 권세가 있고 사단의 방해를 멸할 성령의 검이 되는 것입니다.

하나님은 우리에게 성령의 검을 주셨습니다.

누구든지 예수님의 말씀 안에 있고 예수님의 이름이 있는 하나님의 사람들에게는 말씀의 능력이 나타나고 말씀의 권세가 보이고 하나님의 영권의 증거가 나타나는 것입니다.

하나님은 성령을 이 땅에 보내셨습니다.

성령은 권능의 영이시며, 예수님의 영광을 위하여 일하시는 전능하신 하나님의 영이십니다.

성령이 오시면 권능을 가져오시고 그 권능은 오직 예수를 증거하는 능력이 됩니다.

하나님은 하나님의 자녀들의 영혼을 거듭나게 하셨고 하나님의 자녀가 되게 하실 권세가 있습니다.

하나님의 자녀가 되는 일들은 하나님이 하시고 하나님의 거룩한 성령이 하나님의 자녀들을 불러서 세상에 빛이 되고 소금이 되게 하시고 많은 사람들 앞에 착한 행실을 나타내어 많은 영혼들을 예수님께로 돌아오게 하시는 하나님의 권능이십니다.

하나님은 성령을 주셔서 땅 끝까지 나가서 복음을 전할 믿음과 능력을 주셨습니다.

하나님은 하나님의 자녀들의 삶의 목적을 오직 복음 증거하는 사명을 우리에게 주셨으니 이 사명은 생명보다 소중하다고 성경은 증거하십니다.

본문은

바울의 선교 여행 중에 예루살렘 교회에 찾아갔을 때, 율법을 고수하고 하나님의 율법을 말하는 그곳에 간 바울은 마치 율법 수호자처럼 결례를 행하고 그들과 함께 같은 마음으로 선교를 시작하였다는 말씀입니다.

여러분의 삶의 목적은 오직 복음을 전하는 것입니다.

예수님은 길이요, 진리요, 생명임을 우리는 믿습니다.

예수님의 보혈의 공로가 없는 영혼은 누구나 지옥입니다.

예수님은 죄 없으신 하나님이셨고 예수님은 생명을 버릴 권세도 있었고 목숨을 취할 권세도 있었습니다.

예수님은 하나님 앞에서 친히 원수 된 우리와 하나님과의 화목케 하는 어린양이었습니다.

예수님 아니고는 아무도 하나님 나라에 갈 자가 없습니다.

여러분은 예수만 의지하고 예수님만 길이요 진리임을 믿는 이유는 예수님만이 진리이시며 길이시기에 그렇습니다.

여러분은 그 예수님을 위하여 살아가는 것이 삶의 복적이며, 예수님만 증거하기로 생각하고 예수를 위하여 살아가는 예수님의 인격을 성품을 성령으로 받은 자녀입니다.

여러분은 그 예수님으로 인하여서 오늘의 고난의 자리에서 일어날 것이며, 예수 이름으로 부르짖고 간구하여 문제를 해결하고 밝은 광명으로 달려 나갈 여러분은 복이 있습니다.

따라서 해요.

> "나는 복음 전하기 위해 몸부림치는 사람입니다."
> 아멘

94

피할 길을 주십니다

(행21:27-40)

하나님은 우리의 목자가 되십니다.

푸른 초장 쉴만한 물가 같은 환경과 여건을 만들고 우리를 인도
하시는 좋으신 하나님은 지금도 우리 곁에 항상 함께하십니다.

사망의 음침한 골짜기가 우리 앞에 놓였다 하여도 주님의 지팡
이와 막대기가 우리를 지키시고 안위하시고 살피시는 전능하신 만
유보다 크신 하나님이 계시기에 우리를 하나님의 손에서 빼앗을
자가 아무도 없습니다.

하나님은 졸지도 않으시고 주무시지도 않습니다.

하나님은 자녀들의 일거일동을 지키시고 악한 자가 와서 손대지
도 못하게 하시고 지키시고 붙드십니다.

하나님은 말씀하십니다.

두려워 말라. 내가 너와 함께함이니라. 놀라지 말라.

나는 네 하나님이 됨이니라. 내가 너를 굳세게 하리라.

참으로 너를 도와주리라.

참으로 나의 의로운 오른손으로 너를 붙들리라.

할렐루야…….

하나님은 하나님의 자녀들을 잊지도 않으시고 버리지 않습니다.

본문은

바울이 예루살렘 율법주의자들에게 잡혀 죽음의 위기에 천부장을 보내어서 바울을 보호하는 장면의 말씀입니다.

하나님은 여러분을 잊지 않습니다.

독생자 예수님을 보내셔서 죄인의 죄 값을 대신 청산하고 영생의 길을 보여 주셨고 구원의 진리의 예수님으로 우리의 영혼을 잘되게 하셨고 강건하게 하셨고 일어나 성령으로 담대하게 승리하게 하신 이는 우리의 아버지 하나님이십니다.

여러분의 삶 일거일동을 살피시고 도적질하고 죽이고 멸망시키는 저 사단의 손길을 막으시고 지키시고 보호하시는 하나님의 능력의 손이 오늘 우리를 지키십니다.

여러분은 예수를 사랑하는 예수님의 자녀입니다.

예수님의 흘리신 보혈의 권세가 우리 죄 값을 다 갚으시고 예수님의 능력의 손이 우리를 지키시고 우리의 모든 것 담당하셨고 우리를 살피시는 하나님은 우리가 위험할 때 시험 당할 즈음에 피할 길을 베푸시는 예수님을 찬양합니다.

그러므로 여러분은 오늘부터 두려워할 필요가 없습니다.

지금의 고난과 시험과 갈등이 가득하고 밤잠 자지 못한 근심과 고난이 머물고 있다 하여도 오늘 일어날 수가 있습니다.

이제는 근심 걱정 살피시는 예수님께 맡겨 버리십시오.

오늘부터 아무 걱정하지 말아요.

그리고 예수님 앞에 맡겨 버리시고 시험당할 즈음에 피할 길을 우리에게 주시는 하나님은 지금도 살아 계십니다.

주여 이 글을 읽는 모두에게 하나님의 평강이 임하소서.

예수님의 공로가 믿음의 통로를 통하여서 믿는 만큼 고난의 문제에서 절망의 어두움에서 일어나게 하소서.

■ **따라서** 해요.

> "나는 지금의 고난에서도 승리할 길을 주실 예수님을 믿는 사람입니다."
> 아멘

95

하나님은 살아계신다

(행 22:1 - 30)

가이사의 것은 가이사에게 하나님의 것은 하나님께 드려야 하는 것은 세상 속에서 보이지는 않아도 하나님은 반드시 살아계시기에 그렇습니다.

엿새 동안에 천지를 창조하셨고 인간을 흙으로 만들고 하나님의 생기를 불어 넣으시니 산 영이 되어서 산 영이신 하나님과 대화가 가능하였고 하나님과 만남도 가능하였지만 범죄 한 아담은 그 영이 죽었으므로 하나님 앞에서 쫓겨났고 가시와 황폐와 고난과 질병이 저주가 가득한 사단의 장악 속에서 인간들은 그들을 섬기고 돌부처를 섬기고 마리아 동상을 섬기고 경배하는 것은 세상이 아직도 그들을 지배하기 때문입니다.

종으로 흉악한 결박에 묶여 있는 인간들을 해방시키기 위하여 이 땅에 찾아오신 하나님이 우리가 믿는 예수님이십니다.

범죄 한 영혼을 구원하기 위하여서는 죄 값을 지불하여 그들을 구원할 수 있기에 예수님은 하나님의 어린양으로 하나님 앞에 제물이 되었고 하나님은 예수님의 십자가에 생명 드렸고 피 흘려 전부를 드렸고 사단이 원하는 죄 없으신 생명을 드렸기에 이제는 누구나 예수를 믿기만 하면 자유함을 얻고 저주에서 벗어난 사람입니다.

질병의 저주에서 가난의 고통에서 흑암의 어두움의 세력들이 가득하여도 예수님은 빛으로 오셨고 누구나 예수님 믿으면 빛에 거하기에 어두움을 몰아내고 예수님의 빛으로 광명을 비추어 멸망에서 벗어난 사람이 되는 것입니다.

십자가에서 죽은 예수를 인정하는 믿음이 있으면 죄는 사함 받고 죽었다가 사흘 후에 무덤을 열고 다시 살아난 예수님을 믿기만 하면 그 영혼도 죽음에서 살아납니다.

본문은

사도 바울의 예수님 만난 체험의 간증입니다.

다메섹 도상에서 예수님의 음성을 듣고 그 앞에 엎드려 자신이 예수 믿는 자를 핍박하였던 것이 알고 보니 예수님을 핍박하였다는 예수님의 말을 듣고 그때부터 살아 계신 예수능력의 예수를 위하여 선교하는 앞길에 수많은 고난을 기록한 말씀입니다.

여러분은 그 예수님을 믿습니다.

여러분의 질병이 이제는 여러분의 것이 아니고 예수님의 것이었고 여러분의 근심과 걱정이 예수님의 것이었습니다.

너희 염려를 다 주께 맡기라고 하심도 예수님이 책임질 하나님이시기에 여러분은 모든 것 예수님께 맡기고 예수님만 바라보기로 작정한 여러분은 복 있습니다.

지금의 이 고난의 등성이만 넘어가면 하나님이 준비한 푸른 초장과 쉴만한 물가가 기다립니다.

그럼요. 저녁에는 울음이 기습하여도 내일 새벽 기쁨이 기다릴 사람이기에 예수를 믿는 여러분은 잘 살 사람입니다.

■**따**라서 해요.

> "나는 저주에서 벗어나 형통할 사람입니다."
> 아멘

96 사명자는 죽지 않는다

(행23:1-35)

 예수님은 빛이십니다.

예수님의 빛이 있을 동안은 어둠에 붙잡히지를 않고 예수님의 빛에 거하는 자는 영생을 얻은 사람입니다.

예수님은 세상의 어두움을 멸하고 사망의 땅에 머무는 사람들을 일으키시고 멸망의 자리에서 생명을 주십니다.

예수님은 빛이시기에 어두움의 사단은 벌벌 떨고 있고 사단은 예수님의 빛을 싫어하기에 예수 믿는 자를 싫어하고 예수 믿는 자를 유혹하고 세상에서 떨어져 멸망시키려 합니다.

사단은 예수님의 생명을 받았고 예수님의 보혈을 담아 이제는 더 이상 가져갈 것도 없고 다 갚아 버린 대속의 능력 앞에 사단은 이제 속수무책이며 아무 요구 사항도 사라졌고 이제는 예수 안에 사는 사람들은 자유케 하여야 할 책임이 있는 것입니다.

예수님은 예수님을 믿고 예수 이름을 영접하고 예수님의 공로를 인정하고 받아들이고 믿는 자에게는 예수님은 임마누엘로 오셔서 세상 끝 날까지 우리와 함께 계십니다.

예수님이 계시는 사람들은 사단을 이길 수가 있습니다.

예수님의 하신 일을 그도 할 수가 있고, 그보다 더 큰일을 할 수기 있는 성령의 증거를 가진 예수님의 자녀입니다.

예수님의 형상을 입고 나면 예수님의 일을 하고 예수님을 위하여 사명을 감당하려고 몸부림칩니다.

예수님은 예수님의 일을 하려고 사명의 자리로 나가는 자는 예수님이 지키시고 예수님의 하실 일을 그로 통하여 이루시고 예수 이름이 있는 사람을 통하여서 예수님이 나타내십니다.

본문은

예수님을 사랑하는 바울을 통하여서 이방에 복음을 전하고 가는 곳마다 예수 이름을 전하고 구원을 전하는 사명자의 앞길에 위험하고 급할 때도 하나님은 가장 권세가 있었던 로마의 군대를 통하여서 바울의 생명을 지켰다는 말씀입니다.

여러분은 예수님을 바라봅니다.

예수님의 십자가에 달린 나무 아래는 저주 아래 있는 자만이 달리는 사형 틀입니다.

여러분은 예수님이 십자가에 죽을 때 이미 그곳에서 죽은 자와 같이 하나님으로부터 인정을 받습니다.

한 사람 예수님이 죽으셨지만 그를 의지하는 자에게는 다 죽었고 생명 값을 주었고 죄 값을 갚았고 이제는 용서받았고 예수님 무덤을 열고 살아나셨을 때 우리도 예수님과 다시 죽음의 저주를 떨치고 살아난 사람입니다.

이제 여러분은 여러분의 생각대로 살지 않습니다.

우리 안에는 예수님이 살아 계시기에 예수님을 위하여 살아가는 예수님의 자녀가 되었습니다. 맞습니까…….

여러분은 오늘부터 건강해지고 부자 될 것입니다.

예수님을 위하여 희생하고 복음 전하며 예수님의 사명을 감당하려고 몸부림치는 여러분을 하나님은 다시 건강하게 하십니다.

이웃을 위하여 희생하고 성전 건축과 주님의 일에 드리려고 몸부림치는 여러분에게 하나님은 부자가 되게 하십니다.

예수님을 위하여 목이라도 내어 놓을 사람은 예수님은 생명을 지키시고 보호하시고 죽지 않게 하실 것입니다.

오늘 일어나 보십시오. 눈을 들어 하늘 바라보십시오.

사명이 기다리고 있잖아요.

오늘 섬기는 목사님에게 찾아가서 말씀드리십시오.

2008년에는 나에게 할 일을 주시고 사명을 감당할 은사 따라 할 일을 달라고 부탁하여 보십시오.

여러분은 병들어 죽을 자도 살아나고 부도날 회사에도 하나님은 지키시고 멸망당할 사업장에도 다시 일으켜 주실 것입니다.

따라서 해요.

> "나는 예수를 위하여 일하려고 몸부림치는 사람입니다."
> 아멘

97

염병을 퍼뜨리는 사람

(행24:1-27)

하나님 아버지는 만유보다 크시매 아무도 아버지 손에서 우리를 빼앗을 자가 없습니다.

하나님은 믿는 자들에게 영생을 주셨고 예수님의 공로로 하나님 앞에 설 수 있는 세마포를 입혀 주셨고 더러운 우리의 옷을 벗기시고 예수님의 의에 옷을 입혀 주셨으므로 예수님을 믿는 사람들은 예수님 앞에 서서 상급의 심판을 받을 자격이 주어진 것입니다.

모세가 광야에서 장대에 놋뱀을 높이 달아 맨 것처럼 예수님도 십자가에 높이 달려야 했던 것입니다.

원망하던 이스라엘을 독한 뱀이 물고 그들을 죽일 때에 상처를 치료할 약을 주시지 않고 장대에 달린 뱀을 쳐다보라고 하시고 약속 믿고 쳐다보는 자는 죽음에서 살아나 생명을 얻은 것처럼 십자가에 예수님을 바라보고 예수님의 약속을 믿고 예수님의 공로를 인정하고 의지하는 사람들은 죽음의 죄악에서 살아났고 멸망의 자리에서 소망으로 옮겼고 사망의 자리에서 생명으로 신분을 변화시키시고 하늘나라의 기업을 우리에게 주셨습니다.

예수님은 우리에게 보혜사 성령을 주셨습니다.

성령은 십자가에 못 박혀 죽었던 예수를 살리셨고 예수를 살리신 그 영이 예수를 믿는 자들에게는 누구에게나 찾아 오셔서 믿는 자들의 영혼은 다시 거듭나게 하시고 다시 살리시며 다시 새로운 피조물로 만드셨으니 예수님은 우리의 영원한 경배를 받으실 하나님이십니다.

본문은

많은 율법주의자들에게 붙잡혀 위기에 처하였을 때 하나님 능력의 손이 천부장, 백부장들의 권력을 사용하여서 지키시고 보호하시고 인도하심에 오늘 바울을 보고 고소자가 염병이라고 별명을 달았습니다.

전염성이 아주 강한 염병에, 예수님을 전파하는 사람을 가리켜 말씀한 것입니다.

예수님의 부활을 말하고 예수님의 권능을 말하는 전도의 능력을 보고 염병이라 말한 것입니다.

여러분의 소원은 전도입니다.

가는 곳마다 생명을 인도하고 건지는 전도인의 사명을 다 하려고 몸부림치는 여러분은 예수님의 형상을 입은 사람이며 예수님의 사랑을 체험한 복 받을 사람입니다.

만나는 사람마다 구원의 자리로 초청을 하고 예수님을 소개하고 예수님의 인격을 입고 예수님의 성품을 입은 우리는 하나님 앞에서 상 받을 자이며 우리는 생명의 면류관 받을 사람이며 우리를 보는 모든 사람들은 예수님을 믿을 마음이 생기기를 우리는 소원합니다.

여러분은 예수님을 전하는 것을 복음이라고 합니다.

세상에서 가장 좋은 소식은 예수님 탄생의 소식을 전하고 예수님의 탄생은 세상의 죄를 담당하시었으며 세상의 저주를 담당하시려고 오셨으니 예수님의 탄생 소식만큼 좋은 소식은 없기에 우리는 예수님을 전하고 예수님을 전파하는 염병 같은 사람입니다.

아무나 만나면 예수 믿는 사람으로 전염시킬 능력은 예수님이 주셨으니 우리는 예수님을 사랑합니다.

따라서 해요.

"나는 평생을 복음의 나팔로 사용하기로 작정된 사람입니다."
아멘

98

하나님께 호소하라
(행25:1-27)

예수님은 생명나무이며 생명 과일이며 생명의 떡입니다.

태초에 에덴동산에 있었던 생명 과일이 이 땅에 죄인들의 저주 아래로 오셔서 죄인들로 하여금 그 생명을 먹고 저주에서 아브라함의 복을 주시려고 오셨습니다.

예수님은 에덴의 생명 과일의 성분이나 능력이나 권력, 다스림, 창대함, 번성함은 똑같은 하나님의 능력입니다.

예수님은 생명의 떡을 먹는 누구든지 그 안에 생명을 주고 생명이 살아나게 하셨으며 예수님 아니고는 아무도 생명이 될 조건이 없었고 이후에도 있을 수가 없습니다.

예수님은 영원한 변함이 없는 생명의 떡입니다.

시절 따라 사정 따라 변하지 않는 어제나 오늘이나 영원토록 변함이 없는 하늘에서 내려온 생명을 주는 떡.

예수님이십니다.

본문은

죄수 바울이 분봉왕 베스도의 수하에 갇혀서 로마의 황제 가이사에게 심판을 호소하였고 베스도는 그날까지 바울을 지키라고 명하였던 말씀입니다.

여러분은 성령으로 거듭났습니다.

우리는 죄로 인하여 죽었던 우리들이 죽었다가 다시 무덤을 열고 살아나신 예수님과 하나가 되었으니 예수님이 죽을 때 우리도 죽었고 예수님이 다시 살아날 때 우리도 다시 살아나고 예수님의 하신 일을 우리에게 오셔서 하시기에 우리는 예수님의 일을 하는 상 받을 사람입니다.

여러분은 하나님께 호소하고 왔습니다.

오늘 새벽 성전에서 하나님께 억울함도 슬픔도 아픔도 하나님께 호소하였고 좋으신 하나님은 우리의 호소를 듣고 하나님의 권능으로 말씀하시고 하나님의 권세로 우리를 다스리시고 하나님의 하시는 일이 나타나는 것입니다.

우리가 세상에서 담대하게 살아갈 수가 있는 것은 호소할 하나님이 계시기에 그렇습니다.

우리의 형편을 다 아시지만 하나님은 호소하는 자의 기도를 외면치 않으시고 호소하는 우리의 기도를 이루시기 위하여 기다리시고 계심은 하나님은 약속의 하나님입니다

하나님을 의지하고 사랑합니다.

지금의 질병과 오늘의 실패와 낙심과 절망의 순간에도 우리는 결코 포기하지 않습니다.

현실의 고난 앞에서도 뒤로 물러가지 않고 부르짖고 나가는 것

은 우리에게는 호소할 하나님이 계시고 하나님은 우리의 호소를 들으시고 응답하심에 우리는 행복합니다.

오늘부터 걱정하지 말아요.

못 배우고 가진 것 없고 못나도 마음이 위축되지 말아요.

지난밤 밤잠을 이루지 못하여도 두려워하지 말아요.

이제부터 하나님께만 호소하기로 해요.

남편의 문제, 사업의 문제, 시어머니의 문제, 교회 문제, 모두 오늘부터 들고 성전으로 나가서 하나님께 호소하고 하나님께 던져 버리고 오면 우리는 응답을 누립니다.

따라서 해요.

"나는 행복하게 살아갈 사람입니다."

아멘

99 | 가시 채를 발로 차지 말라
(행26:1-32)

누구든지 **회개**하여 각각 예수 그리스도의 이름으로 세례를 받고 죄 사함을 얻으며 성령을 선물로 받습니다.

성령은 거룩한 영이시기에 회개하고 돌이키고 예수님의 약속에 거하면 성령님은 예수님의 하신 일을 우리에게 들고 오십니다.

예수님은 일하시는 하나님이십니다.

예수님을 사람들에게 예수님의 일을 나타내고 예수님의 하신 일을 하게 하시고 예수님의 형상과 인격과 예수님의 성품을 닮아 예수님의 향기가 흘러넘치는 것은 예수님이 영으로 우리에게 오셔서 그대로 예수님이 일하시기 때문입니다.

예수님은 땅 끝까지 예수님의 일을 나타내시려고 사명자를 부르시고 성령을 통하여서 어느 곳에 있든지 복음을 들고 들어가서 예수님을 드러내고 예수님의 약속을 확신케 하여 예수님의 형상 닮고 모두가 구원 얻기를 원하심입니다.

본문은

예수를 믿는 사람들을 핍박하고 결박하였던 것이 알고 보니 스스로 가시 채를 뒷발질하고 살았던 지난날을 회개하고 이제는 부활하신 예수님을 증거하는 증인이 되었고 예수로 인하여서 자유함을 누릴 특권을 얻었으니 자신뿐 아니라 모든 사람들이 그렇게 되기를 바라는 바울의 마음을 담은 말씀입니다.

여러분은 예수님의 형상을 닮고 예수님의 삶을 배웁니다.

여러분은 예수님의 사랑을 담고 예수님을 나타냅니다.

우리는 하나님의 말씀을 가졌고 하나님의 말씀 앞에 거울로 자신을 비추어 볼 때 우리의 모습을 발견하고 잘못은 회개하고 돌이키며 꿈과 비전을 가지고 내일은 창대할 사람, 형통할 사람입니다.

여러분은 여러분 안에 부활하신 예수님이 계심을 믿기에 여러분은 반드시 세상을 이기고 승리할 사람입니다.

가시 채를 발로 차고 살았던 것 같은 하나님을 떠나 교만하고 오만하였던 삶을 청산하고 순종의 자리로 나가서 부활하신 예수님의 영적 권능을 가슴에 담고 예수님과 함께 일어나 예수님을 위하여 일하시는 여러분은 잘될 창대할 사람이며 형통할 사람이면 성공할 사람입니다.

여러분은 예수님을 잊지 않을 사람입니다.

매일 성전으로 달려 나가서 하나님의 약속을 마음에 채우고 예수님의 약속과 함께 하루를 시작하시는 여러분은 반드시 약속의 능력을 체험할 사람입니다.

대저 하나님의 약속은 능치 못함이 없습니다.

하나님의 약속은 살았고 운동력이 있고 예리한 검보다 더 예리하여 사람의 혼과 관절과 골수를 찔러 쪼개는 하나님의 권세가 나타날 사람입니다.

흑암의 질병이 떠날 줄 믿습니다.

문제와 실패가 이제는 여러분 곁을 떠나고 여러분 곁에서 멀리 떠나 이제는 저주는 떠나고 절망에서도 일어설 능력은 예수님의 약속이 있기에 그렇습니다.

오늘은 일어설 날입니다.

이제는 주님의 약속 바라보고 잘못은 회개하고 가시 채를 뒷발질하는 어리석은 일들 버리고 하나님께로 나갈 축복의 하루가 되시기를 축복합니다.

■ **따**라서 해요.

> "나는 예수님만 사랑할 사람입니다."
> 아멘

100

유라굴라 광풍 만난 이유

(행27:1−21)

예수님이 오심은 마귀의 일을 멸하려 하심입니다.

아직은 마귀를 없이 할 수는 없어도 마귀의 일은 멸하여 이 땅에 구원의 일을 이루어야 합니다.

마귀는 영혼을 지옥으로 멸망의 자리로 끌고 가지만 예수님은 영혼을 거듭나게 하고 영생을 주셨습니다.

마귀는 할 수만 있으면 택한 자라도 미혹하여 세상으로 흑암으로 저주 아래로 떨어지게 하고 질병과 고통을 안겨 하나님과 멀어지게 하고 세상으로 죄악으로 빠지게 하는 마귀의 유혹에서 성령님은 이기게 하시고, 질고 아래 있는 영혼들을 소망의 자리로 부르시고 포로 된 자를 자유케, 눌린 자를 자유케 하시고 귀신과 질병을 몰아내시고 모든 약한 것과 모든 병을 고칠 수 있는 것은 예수님은 세상에서 마귀의 일을 없이 하려고 오셨기 때문입니다.

예수님은 언약을 주셨고 그 언약을 이루시고 그 언약이 보장하고 예수님의 능력이 그 언약에 이루어지게 하고 그 약속을 믿는 자들에게는 그대로 이루어지는 하나님의 능력은 오늘도 마귀의 일을 멸하려 하심입니다.

본문은

유라굴라 광풍 만난 이유는 하나님의 언약이 있는 바울의 말보다 선장이나 선주의 세상의 경험과 지식을 더 믿었기 때문이라고 말씀한 하나님의 말씀입니다.

여러분은 세상의 경험이나 지식을 오래 전에 내려놓고 천지를 창조하신 예수님의 약속을 바라보는 사람입니다.

여러분 안에는 성령님이 계시고 성령의 능력이 나타날 하나님의 자녀이며, 하나님의 권세가 보일 하나님의 사람, 성령의 사람입니다.

여러분은 하나님의 일점일획이라도 없어지지 않는 하나님 말씀을 더 신뢰하기에 우리는 세상을 버릴 수도 있는 사람입니다.

우리는 이제 마귀의 일에 저주 아래로 풍랑 아래로 끌려갈 사람이 아닙니다.

질병의 풍랑이 우리를 엄습하였고 저주의 실패의 풍랑을 설혹 만났다 하여도 오늘 아침 우리는 깨닫고 다시 일어나 회개하고 하나님의 약속 아래로 달려 나갈 사람입니다.

지금의 저주 같은 낙심과 절망의 위기가 몰아쳐도 이제는 저주에 붙잡혀 살아갈 사람이 아니기에 우리는 오늘 일어날 것입니다.

하나님의 사명을 버렸고 하나님의 말씀을 버렸던 그것이 오늘 내가 고난의 풍랑을 만났다면 우리는 다시 주님께 나가 부르짖고 간구하여 걱정 근심의 문제의 이 자리를 축복의 자리로 나갈 여러분은 복이 있습니다.

우리는 다시는 세상의 경험으로 내 지식으로 내 판단으로 돌아가지 않을 사람입니다.

이제는 우리가 사는 것이 아닙니다.

우리 안에 예수님이 사시고 예수님이 판단하시고 예수님을 사랑하는 사람이 되었기에 예수님이 우리를 책임져 주실 하나님이십니다.

■ 따라서 해요.

> "나는 하나님의 손바닥에 내 이름이 새겨져 있는 구원받은 사람입니다."
> 아멘

101

말씀 그대로 되리라

(행27:22-44)

만유보다 크신 하나님의 손에서 아무도 예수님을 믿는 하나님의 자녀들을 빼앗을 자가 없습니다.

하나님은 죄인들을 구원하고 죄인들의 죄 값을 갚기 위한 방법은 오직 죄 없으신 하나님만이 값을 지불할 수 있기에 독생자 예수님이 말씀으로 아버지 품에 있다가 육신으로 이 땅에 탄생하셨고 죄 없으시고 흠 없으신 예수님.

하나님이 열면 닫을 자가 없고 닫으면 열자가 없으신 알파요, 오메가이신 전능하신 하나님은 전지전능하신 창조주 하나님이십니다.

약대가 바늘구멍으로 나가는 것은 불가능하였지만 사람으로는 할 수 없어도 하나님은 다 할 수가 있는 것은 하나님은 인생이 아니시고 인자가 아니시기에 후회함도 없고 실수함도 결코 없으신 하나님은 인생의 주인이십니다.

하나님은 영이십니다.

육체의 눈으로는 볼 수 없는 전능하신 하나님은 천사를 만들고 인간을 만들고 우주를 만드시고 주관하시고 복을 주십니다.

하나님은 말씀으로 천지를 창조하셨습니다.

지금도 말씀으로 성령의 검으로 사용하시고 예수님의 말씀을 성령님은 그대로 나타내시고 보여 주십니다.

하나님의 말씀이 없이는 성령님이 일하시지 않으시고 예수님의 말씀 없이는 구속의 사역에 임하시지 않으시니 말씀은 지금도 운동력이 있고 살았고 예리한 검으로 믿는 사람들에게 나타나 하나님의 능력을 보여 주시고 예수님의 권세를 믿는 자들에게 나타나는 것입니다.

본문은

유라굴라 광풍의 어지러운 환경에서도 바울의 귀에 들린 하나님의 말씀이 있었기에 그들에게 안심하라고 두려워 말라 어젯밤 하나님이 나에게 하신 말씀 그대로 되리라고 믿는다는 믿음의 말씀입니다.

여러분은 세상을 살아갈 때 한번쯤은 캄캄한 절망의 순간 어두움의 시간이 닥칠지도 모릅니다.

질병의 고난에서 실망에서 낙심에서 일어설 수 있는 능력은 오직 하나님의 말씀이기에 주야로 하나님의 말씀을 묵상하는 여러분은 복이 있는 사람입니다.

여러분은 하나님이 하신 말씀이 그대로 되리라고 믿습니다.

우리는 하나님의 입에서 나온 말씀이시기에 말씀 자체가 하나님이시며 하나님의 능력과 권세가 담겨 있는 능력이 되기에 우리는 그대로 될 줄 믿습니다.

예수님이 하신 말씀, 구원의 말씀을 우리는 그대로 믿습니다.

예수님을 믿으면 예수님의 공로로 죄 사함 받고 영생을 얻고 성령으로

아니하고는 죽은 영혼이 거듭날 수가 없으니 하나님을 사랑하시면 아멘…….

여러분은 하나님의 말씀을 붙들고 어두운 절망의 자리에 흑암의 원수 마귀의 세력에 질병에 실패에 붙잡혔을 때도 예수님의 말씀만 바라보고 이겨 왔잖아요.

오늘부터 아무 걱정하지 말아요.

배우지 못하였고 가진 것 없고 멸시 받고 천시 받았어도 이제부터는 염려하시지 말아요.

하나님의 말씀이 그대로 될 줄만 믿으시고 하늘과 바다와 가운데 만유를 지으신 하나님이 아버지이시며 약속의 말씀 그대로 될 줄 믿는 네 믿음대로 될지어다.

예수님은 약속하셨잖아요…… 맞습니까……. 아멘

여러분은 이제 시냇가에 심은 나무가 시절을 좇아 열매를 맺고 잎사귀 마르지 않고 그 행사가 다 형통할 사람은 바로 이 말씀을 읽고 아멘하시는 여러분입니다.

따라서 해요.

> "나는 멸망치 않고 영생을 얻은 사람입니다."
> 아멘

102 | 하나님이 보이는 사람
(행28:1-31)

사도행전 강해를 마칩니다.

그동안 은혜 주시고 격려하시고 하나님의 소리를 들려주시고 감동하여 주신 하나님께 감사를 드립니다.

하나님은 살아 계십니다.

만드신 모든 만물에 보여 알게 하셨습니다.

아무도 하나님의 살아 계심에 핑계할 수 없도록 하시고 하나님은 우주 만물 통치하심에 우리 영혼 거듭나게 하사 하나님의 자녀가 되게 하셨고 성령으로 인쳐 주셨습니다.

하나님은 하루에도 수많은 사건을 통하여서 말씀하시고 예배드릴 때 찬양할 때 기도할 때도 하나님은 항상 우리와 함께 하셨습니다.

동쪽에 떠오르는 태양을 막을 자가 없는 것처럼 하나님의 하시는 일에도 막을 자가 없습니다.

하나님은 자기를 신뢰하고 의뢰하고 바라보는 사람에게 나타나시고 찾아오십니다.

하나님은 우리의 중심을 바라보시고 계십니다.

하나님은 우리의 죄를 아시고 우리의 허물을 다 아십니다

십자가를 지시고 피 흘려야만 우리의 죄 값을 대신하고 우리의 생명 값을 지불하고 찾을 수 있기에 독생자를 주시고 누구든지 예수님을 믿는 자에게는 죄 없다 하시고 하나님의 자녀가 되게 하셨고 아바 아버지라 부릅니다.

하나님은 우리의 아버지이십니다.

자신의 모든 것을 아끼지 않으신 아버지이십니다.

하나님은 전지전능하신 천지를 창조하신 창조주이십니다.

인간의 생사화복이 하나님의 손에 달렸습니다.

하나님은 우리에게 자신을 보여 주셨습니다.

본문은

보여 주신 하나님을 보는 자가 있고 볼 수가 없는 사람이 있고 하나님의 능력 앞에서도 하나님을 볼 수 있는 자가 있고 보이지 않는 사람이 있었습니다.

바울이 풍랑 후에 만난 멜리데 섬에서 독사가 손목을 물고 금방 퉁퉁 부어서 죽을 줄 알았던 바울이 살아 있고 추장의 부친이 이질에 걸려 사경을 헤맬 때 안수하여 고치고 많은 병든 사람을 고치는 하나님의 능력을 보여 주었지만 보아도 보지 못하고 들어도 듣지 못하는 마음이 완악한 사고방식을 들고 온 사람들은 자기가 잘나서가 아니요, 하나님이 그렇게 하셨다는 말씀입니다.

여러분은 하나님의 말씀을 들을 때도 확실하게 듣습니다.

무엇을 볼 때도 확실하게 보는 눈이 열린 사람입니다

여러분은 귀로 들을 때 둔하게 듣지 않습니다.

바라볼 때도 눈을 감고 보지는 않습니다.

병들어도 실패하여도 고난 중에도 우리는 하나님을 볼 수 있는 눈이 열렸고 슬픔 속에서도 하나님의 음성이 들리고 넘어져도 하나님을 사랑한다고 고백하는 여러분의 눈은 하나님이 보이기 때문이며 하나님은 합력하여 선이 되게 하셨고 장차 성공의 자리로 병 고침의 자리로 승리의 축복 여호와 닛시의 형통의 자리로 나가게 하실 하나님이 보이시기에 우리는 절망하지 않습니다.

오늘부터 우리는 아무것도 걱정할 사람 아닙니다.

보이시는 하나님은 우리 편이시며 흉악의 결박에서 자유케 하시고 더러운 귀신을 예수 이름으로 쫓아 버리고 다시 일어나게 하시는 하나님이 보이기에 우리는 소망의 사람입니다.

■ 따라서 해요.

"나는 반드시 다시 일어날 사람입니다."
아멘

남상일 목사

▎약 력

총신대 신학대학원 77회 졸업
현, 울산 광림교회 담임목사

▎주요저서

『새사람 새 생활』
『성경중심으로 본 기독 상담』
『성경중심으로 본 교회 청지기』
『1분말씀 사도행전』(1권)
『1분말씀 사도행전』(2권)

남상일 시집 1권 『나무 되어 줄게요』

▎출판될 저서

1분 성경말씀
『로마서』완간(1권)
『로마서』완간(2권)
『사사기』완간
『룻기서』완간
『사무엘·상』완간
『사무엘·하』완간
『열왕기·상』완간
『열왕기·하』완간
『시편』 1, 2, 3, 4편

▎출판예정 일반서적

남상일 목사 시집
『그대 있어 행복한 날』(2권)
『숨겨 놓은 그리움』(3권)

행복편지(삶의 솔솔한 이야기를 드리는 행복편지)
『당신 때문에 세상은 행복하다』(1권)

우울증은 낫는다(삶에 용기를 희망을 소망을 드립니다)
『조금만 참으면 우리에게도』(1권)
『그래도 내일은 있잖아요』(2권)
『그래도 살아야 하잖아요』(3권)

삶의 고민 상담(살다 보면 다가오는 고민에 해답을 드립니다)
『목사님 어떻게 해야 할까요?』(1권)

사도행전 2권

"따라서 해요" 매일묵상

짧은 말씀 / 큰 은혜 / 큰 감동 / 큰 변화

초판인쇄 | 2009년 3월 10일
초판발행 | 2009년 3월 10일

지은이 | 남상일
펴낸이 | 채종준
펴낸곳 | 한국학술정보(주)
주 소 | 경기도 파주시 교하읍 문발리 513-5 파주출판문화정보산업단지
전 화 | 031) 908-3181(대표)
팩 스 | 031) 908-3189
홈페이지 | http://www.kstudy.com
E-mail | 출판사업부 publish@kstudy.com

등 록 | 27,000원
가 격 |

ISBN   978-89-534-1362-7 04230 (Paper Book)
       978-89-534-1363-4 08230 (e-Book)
       978-89-534-1358-0 04230 (Paper Book Set)
       978-89-534-1359-7 08230 (e-Book Set)

내일을여는지식 은 시대와 시대의 지식을 이어 갑니다.